한민족의
지혜와
철학

한민족의 지혜와 철학

발행일   2022년 2월 4일

지은이   김진수
펴낸이   손형국
펴낸곳   (주)북랩
편집인   선일영   편집   정두철, 배진용, 김현아, 박준, 장하영
디자인   이현수, 김민하, 허지혜, 안유경, 신혜림   제작   박기성, 황동현, 구성우, 권태련
마케팅   김회란, 박진관
출판등록 2004. 12. 1(제2012-000051호)
주소   서울특별시 금천구 가산디지털 1로 168, 우림라이온스밸리 B동 B113~114호., C동 B101호
홈페이지   www.book.co.kr
전화번호 (02)2026-5777   팩스   (02)2026-5747

ISBN   979-11-6836-154-6 03380 (종이책)   979-11-6836-155-3 05380 (전자책)

(주)북랩 성공출판의 파트너
북랩 홈페이지와 패밀리 사이트에서 다양한 출판 솔루션을 만나 보세요!
홈페이지 book.co.kr   ·   블로그 blog.naver.com/essaybook   ·   출판문의 book@book.co.kr

작가 연락처 문의 ▶ ask.book.co.kr

작가 연락처는 개인정보이므로 북랩에서 알려드릴 수 없습니다.

한민족의
지혜와
철학

김진수 지음

우리 조상들의 놀라운 몸과 마음과 소리의 세계

북랩 book Lab

헌사

살아있는 것은 어느 것이나 반드시 죽음을 맞이한다.

'모든 것은 덧없으니 게으르지 말고 부지런히 공부해 깨달음을 이루라.'
고다마 싯달타의 마지막 가르침이다.

'공부하다가 죽어라.'
이 말은 내 평생의 좌우명이 됐다.

환갑에 현역에서 은퇴한 후 지난 20여 년 동안 우리나라 대한민국의
민족 정통성과 국가 정체성에 관하여 공부했다.
우리나라 대한민국의 전통사상, 전통의학에 관해서도
성실히 공부했다.

배울 건 너무 많다.
시간이 모자라는 게 안타까울 뿐이다.
공부는 평생 해야 한다.
제일 멋지게 늙는 방법은 '학생이 되는 길'이라고 생각한다.

어느덧 팔순을 맞이하여 그동안 공부하고 사유한 과제를 정성껏 가다
듬어서
한 권의 책으로 펴내게 된 것을 기쁘게 생각한다.

공부 도중에 뇌졸중으로 쓰러진 나의 생명을 '골든타임' 안에 구출하
고, 반신마비가 된 남편을 3년간의 치료와 재활운동으로 건강을 되찾게
해준 아내 황정애 님에게 이 책을 두 손 모아 바친다.

참 미안합니다.

참 감사합니다.

참 사랑합니다.

남편 김진수 드림

우리나라의 역사는 심오하고, 사상은 고귀하며, 철학은 위대하다.

우리나라의 자랑은 기록 문화다.

영광과 치욕의 순간이 다 남아 있다.

정사와 야사는 둘 다 역사다.

정사는 관청이 주도한 기록이고 야사는 민간이 주도한 기록이다.

야사는 정사를 보완한다.

정사보다 야사가 더 사실일 수도 있다.

정사와 야사는 엄연히 공존하는 역사다.

우리나라는 외세침략, 식민지배, 분단, 전쟁, 빈곤 등 온갖 시련을 뚫고 현재에 왔다.

오랜 세월 수많은 영욕을 겪었다.

우리나라는 세계에서 기록 문화유산이 가장 많은 나라 중 하나이다.

기록이 없으면 우리나라의 역사, 철학, 사상, 문학, 예술은 오리무중이었을 것이다.

우리 조상들의 기록은 오늘날 오래된 지식, 정보, 데이터로 우리들에게 계승되어 있다.

참으로 다행스럽고 자랑스러운 일이 아닐 수 없다.

세계인들이 탐을 낼 만하다.

지식, 정보, 데이터는 21세기의 석유다.

오늘날 세계의 정보량은 상상을 초월할 정도로 폭증하고 있다.

석유는 한정된 자원이지만 지식, 정보, 데이터는 무한대로 폭증하는 자원이다.

그동안은 보이는 물질에 가치를 부여했기에 물질적 부가 이뤄졌다.

이제 비물질인 지식, 정보, 데이터로 부의 척도가 옮겨가고 있다.

지금까지는 눈에 보이는 물질적 가치의 부가 현재의 세상을 지배하고 있지만, 앞으로는 눈에 보이지 않는 정신적 가치의 부가 미래의 세상을 지배하게 될 것이다.

지식, 정보, 데이터는 정신적 산물이자 인문학의 생산 공장이다.

우리나라는 더 이상 자원이 없는 나라가 아니다.

지식, 정보, 데이터는 인적자원 없이는 생산할 수 없다.

세계에서 가장 높은 수준의 교육을 받은 인적자원이 차고 넘치는 나라가 대한민국이다.

우리나라는 더 이상 영토가 작은 나라가 아니다.

무한대의 공간인 인터넷을 최고의 인프라로 구축한 지식, 정보, 데이터 강국이다.

눈에 보이는 유한자원을 서로 차지하기 위해 국가의 명운을 걸고 전쟁과 테러도 불사했던 20세기는 이미 과거가 됐다.
21세기는 정신문화의 시대이다.
인문학의 새로운 르네상스로 부흥하는 시대이다.

이 책은 제1장, 제2장, 제3장으로 구성되어 있다.

제1장, 「건강 비법」에는 자연치유요법에 근거를 둔 우리 조상들의 삶에 대한 자세와 태도를 깊이 들여다볼 수 있도록 우리 민족 특유의 고유사상과 원형사상에 대한 설명과 궤를 같이하여 건강관리 비법을 알기 쉽게 서술하였다.

제2장, 「우리 조상들이 즐겨온 소리(노래)의 세계」에는 지금까지 우리가 알고 있던 상식을 훨씬 뛰어넘는 소리의 파동 이야기를 소개했다. 우리의 언어와 음악은 천지음양과 우주운동에 따라 형성되었으므로 소리라는 음형을 만들어내는 내적 작용인 정신과 호흡의 중요성에 관하여 충실하게 다루려고 노력했다.

제3장, 「인간의 우주적 존재와 천지인 본성의 원리」에는 '변화'와 '진화'라는 두 명제와 함께 인간이 걸어가야 할 길에 대하여 필자의 사유를 집필했다.

필자를 괴롭혀온 그간의 물음은,

인간과 신은 다른가?

인간이 바로 신인가?

인간은 신이 될 수 있는 존재인가?

인간은 왜 신이 되어야 하는가? 등이었다.

이 책을 손에 든 독자 여러분은 제3장에서 필자가 얘기하고자 하는 '신을 알기 위한 사유의 길'에 눈길을 주신 것이니, 이번 기회를 통해 스스로 자신의 사유를 펼치면서 마지막 페이지까지 지적 동행에 함께해주시기를 바라마지 않는다.

2022년 1월

김진수

목차

제1장

건강 비법

제2장

우리 조상들이 즐겨온 소리(노래)의 세계

제3장

인간의 우주적 존재와 천지인 본성의 원리

제1장

건강 비법

0.
서문

오늘날 우리에게 제일 관심 있는 분야는 무엇일까?

오늘날 대한민국은 지구촌에서 다른 나라보다 물질적으로 비교적 잘 사는 나라로 꼽히고 있다.

항간의 얘기로는 '굶어 죽는 사람'보다 '배 터져 죽는 사람'이 더 많다고 한다.
'배 터져'는 '배불러'의 과장된 은유법이다.
이것은 성인병으로 세상을 떠나는 사람이 가장 많다는 사회 현상의 상징적 표현이라 할 수 있다.

오늘날 우리가 가장 관심을 가지고 있는 분야는 무엇일까?
부귀일까?
권력일까?

명예일까?

부귀는 모든 사람이 원하는 것이다.
권력도 모든 사람이 원하는 것이다.
명예도 모든 사람이 원하는 것이다.

하지만 한 가지 분명한 것은 부귀, 권력, 명예는 자기 자신의 건강이 없으면 모두 소용없는 무용지물이 돼버린다는 것이다.

건강이 없으면 부귀가 소용없으며,
건강이 없으면 권력이 소용없으며,
건강이 없으면 명예가 소용없기 때문이다.

우리는 모두 건강이 소중하다는 것을 잘 알고 있다.

하지만 이것은 관념적인 생각일 뿐, 대부분의 사람들은 자기 자신의 건강을 잃고 나서야 비로소 건강이 소중하다는 것을 깨닫는다.

사람은 영민하기 때문에 모든 것을 잘 알고 있다.
물론 자기 자신이 죽을 수밖에 없는 존재라는 것도 잘 알고 있다.

그러나 사람이 죽을 때까지 모르는 것이 세 가지 있다.

첫째, 사람은 언제 죽을지 모른다.

둘째, 사람은 어디서 죽을지 모른다.

셋째, 사람은 어떻게 죽을지 모른다.

이 세 가지 중에서 필자가 관심을 가지고 있는 주제는 세 번째의 것이다.

사람은 어떻게 죽을지 모르지만, 그와 동시에 사람은 '어떻게 죽어야 하는지' 생각할 수 있는 존재다.

필자가 꿈꾸는 사람의 죽음은 '스스로 그러함'이 보장되는 죽음이어야 한다는 것이다.

'스스로 그러함'이란 '자연(自然)스러움'을 뜻한다.

사람의 죽음은 자연스러워야 한다.

태어날 때의 수명을 잘 보존하다가 수명이 다하는 날 자연스럽게 고통 없이 하늘나라로 떠나는 죽음이 아름다운 죽음이다.

사람의 죽음은 아름다운 죽음이어야 한다.

아래와 같은 죽음은 아름다운 죽음이라고 말할 수 없다.

구태어 말하자면 나쁜 죽음이라고 말할 수 있다.

사람의 죽음 중에 나쁜 죽음은

첫 번째가 비명횡사(非命橫死)이다.

두 번째는 자살(自殺)이다.

세 번째는 병사(病死)이다.

비명횡사란 뜻밖의 재앙, 재난, 재해, 전쟁, 테러, 사고 따위로 제 수명대로 살지 못하고 죽는 경우를 말한다(사고에는 자동차사고, 기차사고, 비행기사고, 자전거사고, 선박사고 등의 교통사고와 산업현장에서 발생하는 각종 산재사고와 개인의 실수로 물에 빠지는 익사, 절벽에서 추락사하는 등 사람의 여러 가지 부주의사고 등을 생각할 수 있다).

자살이란 스스로 자신의 삶을 중단시키는 행위이다.

병사는 병에 걸려 고통스럽게 죽는 것을 말한다.

위의 세 가지 나쁜 죽음은 공통점이 하나 있다.

자기 자신의 타고난 수명을 다하지 못하고 하늘나라로 떠난다는 것이다.

그렇다면,

아름다운 죽음이란 자기 자신의 수명을 제대로 다하고 떠나는 자연스러운 죽음이라는 답이 저절로 나온다.

건강은 건강할 때 신경 써야 한다.

사람이 죽을 때까지 삶을 지탱해주는 유일한 것은 오로지 건강이기 때문이다.

우리 조상들은 어떻게 건강을 관리하고 유지를 해왔는지 함께 살펴보자.

1.
몸·마음·생명에너지는 무엇인가

우리 조상들의 전통의학은 **우리 몸에 내재되어 있는 잠재적인 자기치유력을 끄집어내도록 하는 자연치유요법**에 근거를 둔다.

요즘 말로 하면 **자연의학**에 가까운 치유요법이다.

쉽게 얘기하면 사람의 몸 스스로 건강을 회복하도록 돕는 것에 주안점이 있다.

예부터 우리 민족에서 내려온 고유사상은 **'천지인(天地人) 삼위일체'** 사상이다.

세상을 구성하는 3대 요소는 하늘과 땅과 사람이다.

하늘은 시간을 상징적으로 대표하고, 땅은 공간을 상징적으로 대표하고, 사람은 생명체를 상징적으로 대표한다.

우리 민족은 **'집일함삼 회삼귀일**(執一含三 會三歸一)'의 철학을 갖고 있다

(행촌 李嵒의 檀君世紀 序).

'하나를 잡으면 셋이 포함되어 있고, 셋이 모이면 하나로 돌아간다.'

우주 만물의 본체는 하나이지만 그 작용은 셋으로 나뉘어져 작용한다.

본체 하나 속에 작용하는 셋을 포함하고, 작용하는 셋을 모으면 하나
로 돌아간다는 뜻이다.

천지인(天地人)이 구별되어 있지만, 결국 거대한 우주라는 하나의 틀 속
에서 작용하고 있고, 물질은 분자, 원자, 원자핵으로 분해된다.

가장 작은 단위의 소립자는 하나이지만, 그 속은 원자핵과 그 주위를
도는 전자로 구성되어 있고, 원자핵은 양성자, 중성자, 중간자로 구성되
어 있다.

인간의 몸뚱이는 하나이지만 성·명·정(性·命·精)의 삼진(三眞)으로 이루어
져 있고, 심·기·신(心·氣·身)의 삼망(三妄)으로 현상에 나타난다.

이러한 사상으로 '삼일신고'라는 철학이 형성되었다.

이 사상은 창조성, 다양성, 역동성에 근원을 두면서 '대원일(大圓一)'을
지향한다.

이 사상은 같은 동양의 중국이나 일본에서는 볼 수 없는, 우리 민족
특유의 고유사상이고 원형사상이다.

'집일함삼 회삼귀일' 철학이 '삼신(三神)' 사상과 '삼위일체' 사상을 낳았다.

우리나라 사람들이 제일 좋아하는 숫자는 3이다.
3이라는 숫자는 삼신(三神) 사상과 맞닿아 있다.
가위바위보도 세 번을 해야 하고, 음양의 상징인 태극도 '삼태극'이라야
한다.

삼신(三神)은 따로 분리 독립된 신(神)이 아니라 일체(一體)를 이루고 있는
신이다.
즉, '대원일'(大圓一)이다.

'대원일'은 창조성, 다양성, 역동성을 바탕으로 균형과 조화를 추구하
는 철학이다.

이는 인류세계의 평화와 평안, 인류문명의 균형과 조화를 추구할 수
있도록 정신적 바탕이 될 수 있는 보편적 철학이다.

사람의 몸은 성·명·정(性·命·精)으로 구성된 생명체다.

우주로부터 조화지신(造化之神)이 담겨서 성(性)이 구성되고, 교화지신(敎
化之神)이 담겨서 명(命)이 구성되고, 치화지신(治化之神)이 담겨서 정(精)이

구성된다.

사람의 몸은
성·명·정(性·命·精)을 바탕으로 하는
심·기·신(心·氣·身: 마음·생명에너지·몸)으로 이루어져 있다.

사람의 몸은
심·기·신(心·氣·身)을 바탕으로 하는
감·식·촉(感·息·觸: 느낌·냄새·만짐)으로 바깥 사물을 인식한다.

사람의 몸은
성·명·정이 온전하면 심·기·신이 자취도 없는 듯이 오래토록 존재하게
된다.

이 사상은 허준의 『동의보감』에 그대로 채택되었다.

우리나라 전통의학에서는 생명을 정(精), 기(氣), 신(神)의 구성체라고 본다.

정(精)은 봄이다.

기(氣)는 몸과 마음을 연결하는 생명에너지다.

신(神)은 마음(생각, 의식, 정신, 영혼)이다.

우리나라 전통의학에서는 몸을 앞에 내세웠다.

몸을 제일 중요하다고 생각했기 때문이다.

기를 두 번째에 두었다.

기는 몸과 마음을 연결하는 우주의 생명에너지라고 생각했다.

기가 없으면 마음이 몸에 들어올 수 없고, 기가 없으면 몸과 마음이
존재할 수 없기 때문이다.

마음을 세 번째에 두었다.

몸은 마음의 숙주(宿主, host)이다.

몸이 없으면 마음도 없다.

우리 조상들은 우리 몸을 우리 마음의 숙주로 생각했다.

우리 몸이 생명을 잃으면 우리 마음은 우주로 사라지기 때문이다.

몸과 마음을 연결하는 생명에너지인 기의 작용은 중요하다.

기는 호흡으로 몸에 들어온다.

가장 간단한 건강진단 문진은
'숨은 잘 쉬는가?'
'음식은 잘 먹는가?'
'마음은 온전한가?'이다.
이 세 가지 질문에 대한 정직한 대답으로 건강은 쉽게 판명 된다.

호흡은 들숨과 날숨이 조화와 균형을 이뤄야 한다.

음식은 섭취와 배설이 조화와 균형을 이뤄야 한다.

마음은 수축(집중)과 이완(휴식)이 조화와 균형을 이뤄야 한다.

조화와 균형이 깨지면 병이 난다.

사람은 소우주다.
소우주는 대우주와 연결되면 조화와 균형을 유지할 수 있다.
소우주는 대우주와 합일되는 순간에 한없이 충전된다.

우리 몸은 비워지고 채워지는 통이다.
그래서 '몸통'이라 부른다.

우리 몸에는 오장육부가 있다.
오장은 간장, 심장, 비장, 폐장, 신장이다.
음(陰)의 장부로 분류된다.
음의 장부는 채우려는 성질이 있다.
채워야 편안하다.

육부는 담낭, 소장, 위장, 대장, 방광, 그리고 삼초이다.
양(陽)의 장부로 분류된다.
양의 장부는 비우려는 성질이 있다.
비워야 편안하다.

육부가 항상 가득 채워져 있으면 병이 되기 쉽다.

예를 들면

위장이 차 있으면 위장염, 복통이 되기 쉽고

대장이 차 있으면 대장염, 변비가 되기 쉽고

담낭이 차 있으면 담낭염, 담석증이 되기 쉽고

소장이 차 있으면 소화불량, 소장염증이 되기 쉽고

방광이 차 있으면 방광염, 배뇨통이 되기 쉽다.

삼초는 작용의 조화를 돌보는 보이지 않는 기능 장부이다.

오장육부의 기능이 막히는 것은 우리 몸의 순환기능이 막히는 것이다.

몸의 순환기능이 막히면 몸의 세포는 우리에게 즉시 알려준다.

바로 '통증'이다.

통증은 기혈이 막혔다는 신호다.

몸은 어딘가 막히면 '통증'으로 말한다.

그래도 못 알아들으면 '마비'가 온다.

'통증'과 '마비'를 예방하는 가장 쉽고 간단한 운동법 하나를 소개한다.

그것은 바로 '케겔운동'이다.

미국의 산부인과 전문의 케겔 박사의 이름을 땄다.

괄약근(항문)을 조였다가 푸는 행위를 반복하는 운동이다.

서서 일하거나, 의사에 앉아서 일하거나, 하루에 시니 차례 괄약근을 조여줘라.

바른 자세로 의자에 앉아서 괄약근을 수축하면 배꼽 아래 아랫배에 힘이 들어간다.

그 자리가 단전이다.

이곳을 하단전이라 부른다.

남자는 전립선이 있는 부위이고 여자는 자궁이 있는 부위이다.

하단전의 중요성을 알면 누구나 손쉽게 단전을 돌볼 수 있다.

우리 조상들은 수천 년 전부터 하단전을 돌보는 운동을 해왔다.

어떻게 하면 하단전을 돌볼 수 있나?

우선 괄약근을 수축하면 하단전에 힘이 저절로 간다.

그 자리에 의식을 집중해보라.

이게 잘 되면 입 안에 저절로 단침이 고인다.

단침을 삼키면 소화기능, 순환기능, 대사기능(代謝機能: 세포 안의 원형질이 오폐물을 내보내고 다시 자양분을 섭취하여 그 부족을 채우는 작용)에 도움을 준다.

바쁜 일상생활 중에도 괄약근을 가끔 조여주는 운동을 하여 하단전에 힘이 가게 하라.

하단전이 잘 잡히면 몸의 중심도 잘 잡힌다.

하단전(생식기능)은 중단전(심장기능), 상단전(뇌기능)과 연결돼 있다.

하단전운동을 하면 수승화강(水升火降)이 잘된다.

우리 몸에서 발 부분은 따뜻해야 하고 머리 부분은 차가워야 한다.

수승화강(水升火降)은 자연법칙이다.

우리 몸은 스스로 정상이 되고자 하는 항상성이 있다.

내 몸에 이상이 있으면 몸은 먼저 말을 한다.
통증도 말이고, 피곤도 말이고, 배부름도 말이고, 배고픔도 말이다.
몸이 하는 말에 귀 기울이고 응답을 해줘야 한다.
건강의 응급에 관한 대답은 모두 거기에 있다.

2.
사람의 뿌리는 어디에 있는가

우리 몸은 생명체다.
생명체는 자신의 근본에 의지하여 살아간다.
초목의 근본은 뿌리다.
초목은 뿌리가 없으면 살 수가 없다.

사람도 뿌리가 있다.
사람의 뿌리는 어디에 있는가?
사람의 뿌리는 단전이 아니다.
사람의 뿌리는 배꼽도 아니다.

사람의 뿌리는 머리 정수리 위의 허공에 있다.
허공은 하늘이다.
하늘이 바로 사람의 뿌리이고 근본이다.

식물의 뿌리는 땅(흙)에 심지만 사람은 식물과 정반대로 하늘에 뿌리를 심는다.

사람을 구성하는 생명에너지인 기가 하늘에 빨대를 꽂고 있는 이유이다.

소우주가 대우주와 교합할 수 있는 하늘이 사람의 뿌리이다.

이것이 바로 사람을 '만물의 영장'이라고 부르는 이유이다.

사람은 우주의 일부이고 자연의 일부이다.

사람의 영혼도 우주를 벗어날 수는 없다.

죽어서 천당 가고 지옥 간다 해도 거기도 우주 안이다.

하느님도 부처님도 다 우주 안에 있다.

조선시대 학자 매월당 김시습 선비가 딱 두 줄로 이것을 정리했다.

"혼비백산(魂飛魄散)해도 재천(在天)이요, 신출귀몰(神出鬼沒)해도 재천(在天)이다"라고 표현했다.

"영이 하늘로 날아가고 몸이 땅에 흩어져도, 귀신이 나타났다가 없어졌다가 해도 다 우주 안에 있다"는 뜻이다.

하늘의 기운과 땅의 기운이 합을 이루어 생명을 만들었다.

그 생명의 대표가 인간이다.

'인간은 하늘과 땅을 담아놓은 그릇이다(人中天地 一) - 『天符經』.**'**

인간 안에 천지의 정보가 다 들어 있다.

목, 화, 토, 금, 수(木, 火, 土, 金, 水)의 질료가 우리 몸에 다 들어와서 인간의 생명체를 구성한다.

우주의 '빅뱅'과 '블랙홀'은 '확산'과 '수축'이다.

확산과 수축은 음양의 원리다.

우주는 확산(이완)**과 수축**(긴장)**을 반복하면서 변화하는 과정을 멈추지 않고 진화한다.**

우리 몸 안에서도 끊임없이 긴장과 이완이 일어나고 있다.
끊임없는 음양작용이 일어나고 있는 것이다.
이렇게 음양작용이 일어나야 생명이 유지된다.

거대한 우주에서 거시적 음양작용인 생성과 소멸이 반복되는 와중에 안정된 질서가 생겨나고, 그 질서 안에서 미시적 음양작용으로 오행의 상생과 상극운동이 일어나서 각각의 생명체는 조화와 균형을 이뤄내고 있는 것이다.

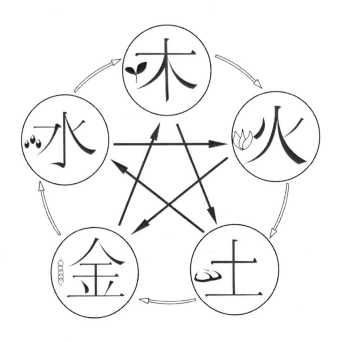

오행상생상극도

목기는 따뜻하고 부드러운 기운이다.

화기는 확산하고 퍼뜨리는 기운이다.

토기는 뭉치면서 단단해지도록 하는 기운이다.

금기는 우그러뜨리고 긴장시키는 기운이다.

수기는 연하고 말랑말랑하게 하는 기운이다.

일생을 오행으로 나누면 다음과 같다.

영·유아기, 소년기와 사춘기, 성장기는 목에 해당한다.

나이로 치면 0세에서 20세까지이다.

일생에서 목기의 시기는 봄(春, 춘)이다.

태어나서 사춘기와 성장기까지는 신맛이나 고소한 맛이 많이 필요하다.

그 다음에 오는 20대에서 40세까지는 화에 속한다.

화기의 시기는 여름(夏, 하)이다.

이때 짝을 만나서 자식을 낳아야 건강하고 튼튼한 자식이 나온다.

활동이 가장 왕성한 청년기가 되면 쓴맛이 많이 필요하다.

대학생이 될 때쯤 되면 커피나 술 같은 쓴맛을 대부분 시작하게 된다.

40대에서 60세, 토기의 시기는 늦여름(長夏, 장하)이다.

여름을 지나 늦여름이 되면 햇살이 제일 따가워진다.

늦여름의 햇살은 여름의 햇살보다 덥지는 않지만 피부에 닿으면 뜨거우면서 따갑게 느껴진다.

이 따가운 햇살이 오곡백과(五穀百果)를 무르익게 하고 탐스럽게 만든다.

40대에서 60세까지의 중년이 되면 대개 단맛이 당긴다.

60대부터 80세까지, 금기의 시기는 가을이다.

사람이 인생의 가을을 맞이하는 수확의 시기이다.

늦여름의 햇살로 탐스럽게 익은 오곡백과(五穀百果)를 거두어들이고 먹기 좋게 손질한다.

사람의 몸과 마음이 최고 수준의 경지에 오르는 시기이다.

60대부터 80세까지는 매운맛이 더 필요하다.

80대부터 시작하여 그 이후의 시기는 겨울이다.

80대부터는 사람이 인생의 겨울을 맞이하는 수납, 저장의 시기이다.

이 시기는 매우 중요하다.

나 자신을 생각하기보다 후손을 위해 내가 무엇을 해야 할지, 후세를 위해 내가 무엇을 남겨야 할지를 성찰하는 시기이다.

노인들은 저절로 입맛이 짜진다.

노년기에는 음식을 간간하게, 짭짤하게 먹는 게 면역력 강화에 도움이 된다.

간장, 된장, 고추장, 청국장, 식초, 김치 등은 면역력 강화에 큰 도움을 주는 음식재료다.

우리나라는 기후 절기상 여름이 좀 길기 때문에 오행으로 관찰하면 여름철을 여름과 늦여름으로 구분하여 춘·하·추·동(봄·여름·가을·겨울)의 4철을 춘·하·장하·추·동(봄·여름·늦여름·가을·겨울)의 5계절로 나누어서 보는 게 정확한 계절을 읽는 방법이다.

봄에 목기가 왕성하고, 여름에 화기가 왕성하고, 늦여름(長夏, 장하)에 도기가 왕성하고, 가을에 금기가 왕성하고, 겨울에 수기가 왕성하다.

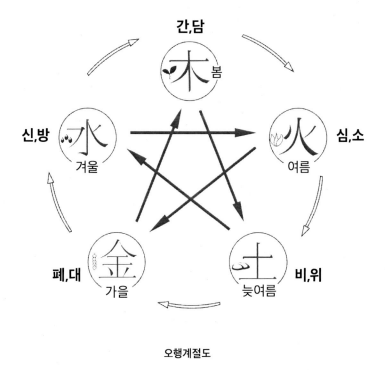

오행계절도

『동의보감』에 따르면 내부의 장기인 간장, 심장, 비장, 폐장, 신장은 얼굴에 있는 눈, 혀, 입, 코, 귀와 상호작용을 한다고 설명하고 있다.

간, 담이 지배하는 부위는 간장, 담낭, 간경, 담경, 대맥, 눈, 목, 편도선, 고관절, 발, 근육, 손발톱 등이다.

간장, 담낭이 허약하면 잘 노한다.

화가 나면 물건 집어던지는 사람, 부부싸움 때 '날 죽여, 죽어' 고래고래 소리 지르는 사람, 입을 열면 욕을 많이 하는 사람은 간장, 담낭이 허약한 사람이 많다.

이럴 때 귤을 먹거나, 오렌지주스를 한 잔 먹으면 진정된다.

식초를 조금 태워서 마시면 소리 안 지른다.

신맛, 고소한 맛이 들어가면 그렇게 된다.

❀ 신맛, 고소한 맛 영양공급 음식재료

메밀, 밀, 보리, 동부, 팥, 귀리, 귤, 딸기, 포도, 모과, 자두, 사과, 앵두, 유자, 매실, 잣, 호두, 땅콩, 참깨, 들깨, 부추, 깻잎, 신 김치, 동치미, 닭, 계란, 메추리, 간, 쓸개, 식초, 참기름, 들기름, 구연산, 비타민 씨, 들깨차, 유자차, 오미자차, 오렌지 주스, 해파리, 소루 쟁이 등

심, 소가 약하면 딸꾹질을 자주 하게 된다.

아기는 심장, 소장이 힘들 때 딸꾹질이 나오는데 쓴맛을 주면 멈춘다.

커피를 주면 그 자리에서 딱 멈춘다.

심장이 허약하면 열을 싫어한다.

열 식히려고 연신 부채를 부치거나 손 선풍기를 들고 다니는 사람은 심장이 허약해서 그런 거다.

눈과 눈 사이의 목간이 빨간 사람, 또는 파랗게 멍이 든 것처럼 보이는 것은 심상이 안 좋은 증기다.

쓴맛을 먹으면 해결된다.

땀은 오행에서 보면 화기에 속한다.

심장, 소장이 허약하면 땀이 많이 난다.

땀은 체온을 낮추려고 나오는 게 아니라 체온을 올리려는 심장의 운동으로 나온다.

화기가 허약하면 열이 부족하다.

열을 올리려고 심장이 많이 뛰니까 부산물로 땀이 난다.

땀 많이 흘리는 아이들에게는 쓴맛, 떫은맛을 꾸준히 먹이면 된다.

심장이 건강해지면 땀이 안 나온다.

쓴맛, 떫은맛을 먹어야 한다.

⊛ 쓴맛, 불내 나는 맛 영양공급 음식재료

산나물, 쑥, 취나물, 수수, 살구, 은행, 자몽, 풋고추, 상추, 쑥갓, 냉이, 샐러리, 씀바귀, 고들빼기, 취, 영지, 익모초, 더덕, 도라지, 염소, 피, 메뚜기, 짜장, 면실유, 홍차, 커피, 영지차, 녹즙 등

비, 위가 안 좋으면 트림이 자주 나온다.

단맛을 주면 호전된다.

꿀, 대추차, 구기자차, 식혜를 마시면 금방 없어진다.

비, 위가 허약하면 습기를 싫어한다.

코끝이 빨개져서 딸기코처럼 되면 비, 위가 안 좋다는 증거다.

단맛을 꾸준히 먹으면 좋아진다.

❀ 단맛, 향내 나는 맛 영양공급 음식재료

엿, 꿀, 고구마, 감, 대추, 참외, 연근, 호박, 기장, 칡, 미나리, 마, 시금치, 토끼, 지라, 잼, 포도당, 인삼차, 식혜, 구기자차, 칡차, 두충차, 대추차 등

폐, 대장이 허약하면 재채기가 잘 나온다.
매운맛을 주면 된다.
폐, 대장이 허약하면 건조한 것을 싫어한다.
콧구멍이 잘 마른다.
이런 사람에게는 가습기를 틀어줘야 한다.

가습기는 폐, 대장이 안 좋은 사람에게만 틀어야 한다.
폐, 대장이 허약한 사람 빼고는 가습기는 다 안 좋다.

병실에서 환자라고 무조건 가습기를 틀어놓는 것은 자해 행위이다.

미간에 각질이 생기면 폐, 대장이 안 좋다는 증거다.
매운맛을 먹으면 해결된다.

❀ 매운맛, 박하사탕 맛 영양공급 음식재료

고추상, 생강차, 계피차, 후추, 겨자, 와사비, 마늘, 생강, 파, 양파, 대파, 쪽파, 고추, 무, 배추, 달래, 열무, 박하, 현미, 율무, 배, 복숭아, 생선, 조

개류, 생강차, 율무차, 수정과 등

신, 방이 허약하면 하품이 잘 나오고 잘 졸리게 된다.

짠맛이 부족해서 그렇다.

신, 방이 허약한 사람은 냉기와 추위에 약하다.

겨울이 되면 가장 먼저 내복을 꺼내 입어야 한다.

피곤하면 코 밑이 허는 사람은 신, 방이 약하다는 증거다.

짠맛을 먹어야 한다.

❀ 짠맛, 고린내 나는 맛 영양공급 음식재료

콩, 밤, 수박, 미역, 다시마, 파래, 김, 해조류, 돼지, 해삼, 개구리, 지렁이, 굼벵이, 뱀, 새우젓, 조개젓, 된장, 간장, 두부, 두향 차, 두유, 장아찌, 장조림, 김치, 구운 소금 등

삼초는 상초(호흡 작용), 중초(소화 작용), 하초(배설 및 생식 작용)의 조화를 총괄해서 부르는 명칭이다.

삼초가 약하면 진저리를 잘 친다.

뭘 먹고 난 뒤 진저리를 잘 치는 사람은 삼초가 허약한 사람이다.

떫은 걸 먹이면 된다.

애나 어른이나 마찬가지다.

코코아, 토마토는 떫은 식재료이다.

이걸 먹이면 해결된다.

삼초가 약하면 빛에 대한 저항력이 떨어진다.

실내에 있다가 밖에 나가면 눈부셔서 눈을 못 뜨는 사람은 삼초가 허약하다는 증거다.

삼초가 건강한 사람은 햇빛을 보면 "와! 화창하다"라고 말 하는데, 삼초가 안 좋으면 눈을 못 뜬다.

아기들은 거의 그렇다.

아기는 생후 100일 전에는 바깥출입을 삼가하는 게 좋다.

✿ 떫은맛, 아린 맛 영양공급 음식재료

백미, 조, 옥수수, 녹두, 토마토, 코코아, 바나나, 아몬드, 도토리, 오이, 가지, 고사리, 콩나물, 양배추, 우엉, 아욱, 우무, 두릅, 송이버섯, 숙주나무, 양고기, 오리, 오리 알, 꿩, 번데기, 감자, 토란, 당근, 죽순, 요구르트, 로얄젤리, 토마토케첩, 프로폴리스 등

오행	장부	맥	지배관절	맛
목	간, 담	현맥	고관절, 발 관절	신맛
화	심, 소	구맥	팔꿈치, 상완	쓴맛
토	비, 위	홍맥	허벅지, 무릎	단맛
금	폐, 대	모맥	손목 관절, 하완	매운맛
수	신, 방	석맥	발목, 종아리	짠맛
조화기능	삼초	구삼맥	오십견, 어깨 관절, 손 관절	떫은맛

술은 무슨 맛인가?

쓴맛이다.

술은 오행상 '화'에 속한다.

술을 지나치게 마시면 화기가 왕성해지고 열이 뻗친다.

열이 나고 전에 없던 용기가 생긴다.

없던 힘도 생겨난다.

술을 마시면 몸에 들어온 알코올을 분해하기 위해 내 몸 안에 있는 산소를 가져다 쓴다.

멀리 있는 장부의 산소부터 끌어다 쓴다.

생명과 직접 관련 없는 팔다리 부분부터 끌어다 쓴다.

팔다리가 휘청거리는 이유이다.

손발의 산소를 끌고 가니까 발은 더뎌지고 손은 술잔을 놓치게 된다.

눈의 산소를 끌고 가니까 사물이 겹쳐 보인다.

혀의 산소를 끌고 가니까 혀가 꼬부라진다.

거기서 더 마시면 이제 뇌의 산소를 빼앗아간다.

도무지 기억을 할 수 없다.

심장을 비롯한 핵심 장기는 놔두고 멀리 있는, 덜 중요한 부분을 순서대로 끌어다 쓰는 것이다.

간, 담이 허약하면 가래가 잘 생긴다.

폐, 대가 허약하면 콧물이 잘 생긴다.

가래는 목구멍 내면을 코팅하는 분비물이다.

목이 약해지면 목구멍 속에 상처가 생긴다.

그 상처를 예방하기 위해 목을 지배하는 간에서 끈끈한 액을 만든다.

신맛을 먹어서 간을 좋게 하면 가래가 생기지 않고 목구멍이나 편도가 붓는 것을 예방할 수 있다.

화상을 입었을 때는 매운맛을 먹어주면 상처가 빨리 아문다.

큰 병원에 갈 정도가 아닌 작은 화상에는 짠맛을 쓰면 화독을 다스릴 수 있다.

뼈가 상했을 때 짠맛을 먹으면 뼈의 기능이 빨리 회복된다.

한의학에서는 식재료의 다섯 가지 색깔이 각각 오장의 기능과 상호작용한다고 보고 있다.

녹색은 간기능 강화를 돕는다. 눈의 건강 유지에 좋다.

적색은 심장기능 강화를 돕는다. 고혈압, 동맥경화 예방에 좋다.

황색은 비장기능 강화를 돕는다. 소화기능 유지에 좋다.

백색은 폐기능 강화를 돕는다. 폐 건강 유지에 좋다.

흑색은 신장기능 강화를 돕는다. 신장 건강 유지에 좋다.

3.
몸의 행동이 반복되어서 만들어진 것이 습관이다

생명력이 몸통의 세로로 흐르는 것을 '경맥'이라 부르고 가로로 흐르는 것을 '낙맥'이라 부른다.

우리 몸에는 경맥과 낙맥이 있는데 '맥 떨어지면 죽는다'라는 말처럼 맥은 매우 중요하다.

경락(경맥, 낙맥)을 통해 에너지의 흐름을 새롭게 하기 위해 맥이 흐른다.

우리 몸에 기운을 새롭게 하는 새 기운보다 기운을 더럽히는 묵은 기운이 훨씬 많으면 몸에 해롭다.

묵은 기운을 밖으로 배출시키기 위해 우리가 할 수 있는 것이 운동이다.

'기(氣)'는 '운(運)'을 타고 움직인다.

'기운이 있다, 기운이 없다'라고 말하는 이유이다.

기운에는 천지기운도 있지만 몸의 입장에서는 몸 안에 있는 '생기(生氣)'가 중요하다.

우리 몸에 '생기'가 존재할 때 그걸 건강하다고 말한다.

몸의 행동이 반복되어서 만들어진 것이 습관이다.
습관적으로 술을 마시는 사람들이 있다.
술을 끊어야지 생각하면서도 몸은 습관적으로 술을 마시게 된다.

몸의 어디가 아플 때 습관적으로 진통제를 먹는 사람들도 있다.
진통제는 소량의 마취제이다.
진통제를 습관적으로 먹으면 내 몸의 항상성이 망가진다.
소량의 마취제를 습관처럼 계속 먹으면 몸의 자율신경계와 조화를 다루는 삼초의 생명력이 멍청해져 감지능력이 약해지고 둔해진다.

감기는 내 몸에 바이러스가 침투해서 생긴 병이다.
외부로부터 바이러스가 침투하면 체온을 올리려고 몸 안의 생명력은 스스로 열을 만든다.
열 나는 게 싫다고 해열제를 먹으면 열이 도로 식어버린다.
일반 감기는 그냥 놔둬도 일주일 정도 지나면 우리 몸의 저항력으로 그냥 낫는다.

해열제를 먹어서 열을 떨어뜨려놓으면 감기가 오래 지속되어 폐렴이 될 수 있는 위험이 발생한다.

아이들의 맥은 100~120 정도로 빨리 뛴다.

아이들은 급하고 팔딱팔딱하다.

아이들은 맥박이 빨라야 정상이다.

60세 이상 어른의 맥박이 85 이상 뛴다면 애들처럼 성급하고 성격도 지랄같이 된다.

맥이 빠르니까 가만 있지 못하고 모든 걸 다 참견하려 든다.

'어른이 애들 같다'라는 소리를 듣는다.

어른의 맥박이 빠르면 몸이 차진다.

맥박이 빠른 어른들은 가급적 찬 것을 안 먹어야 한다.

어른들 맥박은 1분에 60박을 기준으로 해서 60 미만이면 느린 것, 60 이상이면 빠른 것으로 본다.

어른들 맥박이 60 미만으로 뛰면 몸에 염증이 없다고 봐도 된다.

어른들의 맥박이 정상 맥박보다 빠르면 몸의 어딘가에 염증이 있다고 봐야 한다.

비염, 위염, 치주염, 잇몸에서 피 나는 증상, 여성의 냉증 등은 다 염증이다.

4.
몸 안의 염증을 없애려면 어떻게 해야 하나

염(炎)은 농(膿)과 다르다.
노란 고름은 농이다.

염이라고 하는 것은 눈곱도 염이고, 콧물이 줄줄 흐르는 것도 염이고,
가래 같은 것도 염이고, 잇몸에 피가 나는 것도 염이다.

염증은 짠 것을 먹으면 거의 다 없어진다.
죽염, 간장, 다시마, 함초 등을 먹어야 한다.

염증을 씻어내는 것은 소염제나 항생제가 아니다.
신장(콩팥)이 다 한다.

피를 맑게 해주는 핵심 필터는 신장이다.
신장은 의학적으로 설명하면 혈관 덩어리이다.

고름이 터진 것을 등창 났다고 한다.

염증을 제거하는데 싱겁게 먹고 진통제 먹고 하면 우리 몸의 저항성 세포가 고장 난다.

신진대사의 속도를 진작시켜서 몸 안의 염증을 제거하지 못하면 그것이 안에서 농이 되고 창이 되어서 터지게 된다.

우리가 음식재료로 사용하는 식품 중에 소금(천일염)의 중요성은 아무리 강조해도 부족하다.

소금은 밥, 물과 함께 필수 음식이다.
예로부터 소금이 재화의 도구로 사용된 이유이다.

소금은 소화작용, 염장작용, 해독작용, 중화작용, 소염작용, 살균작용, 방부작용, 삼투압작용, 발열작용, 심장박동작용, 노폐물제거작용 등을 하여 신진대사를 원활하게 하는 원동력이다.

침, 땀, 피, 눈물, 콧물, 위액, 림프액, 뇌척수액, 안구액, 소화액, 인슐린, 생리수, 양수, 소변 등 우리 몸의 모든 액체는 소금물이다.

세계보건기구(WHO)에서 설정한 0.9% 이상의 염도를 혈액에 유지해야 건강을 지킬 수 있다.
건강한 사람의 체액은 0.9%가 염분(소금)으로 구성되어 있다.

일반 환자들의 염도는 0.5~0.8%이고 대부분 암 환자의 염도는 0.1~0.5% 수준이라고 한다.

우리 몸의 세포는 실로 다양한 음식물을 섭취한다.
모든 음식물에는 당분이 포함돼 있다.
거기에다 거의 모든 요리에는 정제설탕이 들어간다.
우리가 외식할 때 먹는 음식에 정제설탕이 안 들어간 음식은 거의 없다고 보면 틀림없다.
우리 몸의 세포는 설탕으로 절임을 당하면 부패되기 쉽다.
반드시 소금으로 절임을 취해줘야 한다.

사람 몸의 염분 부족은 만병의 근원이다.

사람의 세포는 적정 염도를 유지해줘야 부패를 막고 생존할 수 있다.

이 점은 매우 중요하다.
'적정 염도'라는 말에 집중해야 한다.
염분을 과다 섭취하면 우리 몸은 오히려 나빠진다.
이것은 모든 음식재료에 통하는 말이다.
아무리 몸에 좋은 음식재료라고 해도 과하게 먹으면 모자라게 먹는 것보다 더 나쁘다.

사람이나 동물은 적절한 양의 소금(정제염이 아닌 천일염)으로 절여야지, 설탕으로 절이면 부패될 수밖에 없는 구조로 되어 있다.

소금을 못 먹는 동물들은 설탕을 안 먹기 때문에 체내 염도가 0.5% 밖에 안 되어도 세포가 부패될 염려가 없다. 하지만 사람은 설탕을 알게 모르게 많이 섭취하기 때문에 당분을 중화시키려면 훨씬 더 많은 염분을 먹어야 하는 것이다.

식물은 염분이 함유된 빗물을 흡수하면서 성장한다.
빗물에는 소금 성분이 0.1~0.5%가 함유되어 있다.
빗물은 구름에서 나오고 구름은 바닷물이 수증기가 되어 형성되기 때문이다.
지구의 70%는 바닷물로 덮여 있고 바다는 지구상의 모든 생명체의 보고이다.

식물 속에서도 0.1~0.5%의 염분이 검출된다.
식물도 적당한 염분을 흡수하지 못하면 죽는다.

처치가 급한 환자가 응급실에 들어가면 제일 먼저 몸에 주입하는 것이 바로 염도 0.9%의 '생리식염수'이다.
'생리식염수'는 신진대사를 원활하게 하는 원동력이기 때문이다.

소금은 인간의 체온을 따뜻하게 유지시켜주는 작용을 한다.

핏속에 있는 적혈구가 세포로 부화하는 온도인 화씨 100도(섭씨 37.75도)를 만들어주는 것도 소금이다.

소금은 우리 몸의 온도를 높이는 원소이다.

반면 설탕은 우리 몸 온도를 내리는 역할을 한다.

북극에 사는 에스키모인들의 혈액 속에는 염분이 많고 열대지방에 사는 흑인의 혈액 속에는 염분이 상대적으로 적다. 열대지방에는 체온을 내리는 당분이 많은 과일이 흔하게 생산되기 때문이다.

우리 사회에서 너무 '무염식' 또는 '저염식'을 강조하다보니 우리나라 사람들의 염분 섭취량이 현저하게 떨어져 혈액을 비롯한 우리 몸 안의 액체가 설탕으로 변해버렸다고 할 수 있다.

이렇게 되면 세포는 부패하기 쉬워지고 혈관은 막히기 쉬워진다.

모든 암의 공통점은 당분(설탕)을 많이 먹고 염분(소금)을 적게 먹어서 세포가 썩는 질환이라는 점이다.

국민질환이라 불리는 현대인의 성인병에는 고혈압, 고지혈증, 고혈당(당뇨) 등이 있다.

고혈압은 혈액에 당분과 지방이 많아 혈액이 끈끈하게 탁해져서 혈전이 생기고 혈액순환이 원활하지 못해 혈압이 높아지는 질환이다.

　고지혈증은 혈액에 지방이 많아 끈적끈적한 혈전이 발생할 위험이 커서 뇌졸중, 협심증, 심근경색 등의 원인을 제공하는 질환이다.

　고혈당(당뇨)은 췌장에서 나오는 인슐린이 부족해서 체내에 많은 당분을 신장에서 다 중화시키지 못하고 결국 신장을 과로시켜서 망가트리는 질환이다.

　췌장에서 인슐린을 생산하려면 주원료인 소금이 있어야 하는데 지나친 저염식으로 염분이 턱없이 부족하니 충분한 인슐린을 생산할 수가 없다.

　몸에 들어있는 과도한 당분을 신장에서 인슐린으로 중화를 시켜서 제때에 소변으로 배출시켜야 하는데 인슐린 공급을 제때 못 받으니까 신장이 무리를 해서 망가지면 바로 '신부전증'이 된다. 신부전증 환자는 투석을 해야 하는 중증환자가 될 위험이 매우 높다.

　소금은 물을 부른다.
　사람에 따라 차이는 있으나 성인에게는 하루에 2,000㎖ 정도의 물이 필요하다는 것이 현대의학의 상식이다.

우리가 적당량의 소금을 섭취해야 이 정도 양의 물을 마실 수 있다.

적당량의 소금을 섭취하지 않으면 이런 많은 양의 물을 마실 수 없다.

우리 몸에 염분이 없으면 우리 몸은 생리적으로 물을 거부하기 때문이다.

저염식을 하는 사람은 한 끼 식사를 할 때 물을 입에도 안대는 사람들이 많이 있다.

우리 몸에 물이 들어올 때는 맹물로 들어오지만 우리 몸 밖으로 나갈 땐 소금의 도움 없이는 단 한 방울의 물도 빠져나가지 못한다.

우리 몸에 있는 혈액의 염도가 0.9% 정도 돼야 과잉 섭취된 당분, 지방 그리고 몸에서 쓰고 남은 노폐물을 소변, 대변, 땀으로 몸 밖으로 끌어낼 수 있다.

혈관에 흐르는 혈액의 노폐물은 중성지방, 나쁜 콜레스테롤, 혈전 등을 포함하기 때문에 심각한 대사증후군의 원인을 제공하게 된다.

혈액에 노폐물이 쌓이기 전에 혈관 밖으로 내보내는 역할은 아주 중요하다.

특히 땀을 많이 흘리는 여름에는 염분을 더 많이 보충해줘야 한다.

무염식이나 저염식을 하는 사람이 한증막, 사우나 같은 곳에서 땀을 빼는 행위는 자살행위만큼 위험하다.

우리 몸에 염분이 부족할 때 초기에 나타나는 증상을 소개하면 아래와 같다.

○ 입술이 자주 부르튼다.

○ 혓바늘이 자주 돋는다.

○ 입안에 염증이 자주 발생한다.

○ 어지럽고 구역질이 잘 난다.

○ 머리가 많이 빠진다.

○ 피부가 자주 건조하고 가렵다.

○ 안구건조증이 자주 발생한다.

○ 당수치가 높다.

너무나 상식적인 얘기지만 부패시키는 걸 막는 좋은 방법은 소금에 절이는 거다.

생선을 잡아서 소금 뿌려놓고, 오이장아찌, 깻잎장아찌 만드는 것은 짜게 만들어서 썩지 않게 하려는 것이다.

우리 몸의 세포를 다 염장을 해두면 세포 하나하나가 소금기를 먹어

썩지 않는다.

　우리 몸의 생기(生氣)에는 염분이 없으므로 천지기운에서 염분을 끌어쓸 수밖에 없다.

　지기(地氣) 안에서도 제일 정갈하게 걸러져 있는 바다기운을 끌어다가 우리 몸 세포에 쓰는 거다.

　바다의 염도는 3% 정도다.

　아무리 더러운 쓰레기가 들어와도 바다가 수십억 년 동안 청정을 지켜올 수 있었던 이유이다.

　사람 몸이 어디에서 생겨났느냐 하면, 자궁에서 생겨났다.

　난자와 정자가 처음 만나면 수정란이 만들어진다.

　그것이 자궁으로 들어가는데 거기에서 아기가 되는 생명체로 자랄 때 태아를 보호하기 위해 모체는 양수를 만든다.

　그 양수가 수돗물처럼 싱거우면 태아가 썩게 된다.

　그러면 태아가 열 달 동안 견딜 수 없다.

　열 달 동안 썩지 않게 하려면 어떻게 해야 하나?

　양수가 바닷물과 같아야 한다.

　이치가 그렇다.

바닷물처럼 짜야 썩지도 않고 세포에 유전정보(RNA, DNA)를 뚜렷하게 새길 수 있다.

수정란이 썩지 않아야 그 세포가 분열해서 태아로 자라난다.

이때 유전자 정보를 복제하는데, 정보가 뚜렷해야 같은 정보로 복제된다.

정보의 복제는 인주를 진하게 묻혀서 도장 찍을 때처럼 짠 기운이 뚜렷해야 한다.

인간은 누구나 엄마 아기집의 양수 속에서 바닷물과 같이(海) 짠 곳에서 만들어지고, 그 유전인자(印)가 자식에게 유전(印)되는 것이 바로 '해인(海印)'이다.

그 도장을 찍는 '해인(海印)'이 뚜렷할 때 각종 질병, 바이러스에 대한 저항력, 면역력이 강해진다.

자꾸 싱겁게 먹으면 엄마도 골병들고 아기도 골병들게 된다.

태아가 아기집에서 자랄 때 뭘 먹고 자라냐 하면, 일단 엄마 골수에 있는 걸 다 빼먹고 자란다.

수기와 짠 기가 골수에 다 저장되어 있기 때문이다.

세포의 밀도가 가장 높은 곳이 어디냐?

살이냐? 피부냐? 근육이냐? 피냐? 뼈냐?

뼈다.

그런데 뼈의 밀도가 옅어지면 어떻게 되느냐?
바로 골다공증이 된다.

요새 하도 짠맛을 먹지 말라고 해서 어른은 물론 젊은이들, 아이들까지도 다 골다공증이 생기고 있다.
예전에는 없던 일이다.

왜 그렇게 되느냐?
엄마 아기집의 '해인(海印)'이 약해져서 그렇게 된다.

예전 엄마들은 가난해도 반찬만은 다 짜게 만들어서 식구들을 먹였다.
우리 조상들은 예부터 '해인'의 이치를 알았기 때문이다.
그래서 소금에 절이고, 발효시킨 음식을 만들어 먹었다.
간장, 된장, 고추장, 청국장, 김치, 젓갈을 담가 먹는 음식 문화가 발달할 수 있었다.

우리가 먹는 음식의 결과물이 우리 몸이다.

사람 몸은 먹을거리의 영향을 절대적으로 받는다.

술을 마셔보라.

당장 어떻게 되느냐?

그 자리에서 해롱해롱한다.

먹은 대로 몸은 움직인다.

사람이 무언가를 먹는다는 건 천지기운을 받아들인다는 것이다.

당장 담배연기를 마셔보라.

담배 안 피우는 사람은 그거 한 모금 마셔도 금방 콜록거린다.

먹는 문제는 내 몸 속에 어떤 천지기운을 받아들이느냐 결정하는 것이기에 아주 중요한 문제다.

음식습관을 건강하게 잘 지키면 우리 몸은 병이 생기지 않는다.

우리 조상들의 전통 한약은 대개 두 가지를 보한다.

기(氣)를 보하는 것이 보기제, 보기탕이다.

혈(血)을 보하는 것이 보혈제, 보혈탕이다.

기혈(氣血)을 보하는 전통 한약은 몸을 건강하게 유지하여 병을 예방하려는 보약(補藥)이다.

치료약이라기보다 예방약이라는 데 주목해야 한다.

기는 떠 있고 혈은 가라앉아 있다.

기는 비물질이고 혈은 물질이다.

기는 형체가 없고 보이지도 않는다.

혈은 세포를 만드는 물질이다.

의서(醫書)에서는 기를 양이라 하고, 혈을 음이라고 한다.

아이들 체형이 잘못되면 고치는 방법은 운동밖에 없다.

'허리가 삐뚤어졌다', '골반이 삐뚤어졌다' 하는 건 바른 자세와 운동 말고는 고칠 수 있는 방법이 따로 없다.

먹는 영양만으로는 완전히 고쳐지지 않는다.

우리 조상들은 아이들에게 바른 자세를 강조해 왔다.

먼저 바른 자세의 생활습관을 체득하는 것이 음식습관 다음으로 중요하다.

체질은 몸의 바탕을 말한다.

형(形) 속에 들어 있는 것이 질(質)이다.

어떤 사람이 60kg이라고 하면 그 60kg 안에 무엇이 들어 있는가, 그것을 따지는 것이 체질의 허실을 따지는 거다.

그런데 가슴 사이즈가 얼마냐?

허리 사이즈가 얼마냐?

엉덩이 사이즈가 얼마냐? 하는 걸로 체질을 분류하는 것은 너무 비과학적이다.

체형은 교정이 가능하고 체질은 개선이 가능하다.

이런 부분은 스스로 할 수 있다.

스스로는 아무것도 안 하면서 좋아지는 건 거의 불가능하다.

아이들은 12세 이전까지는 부모가 챙겨주는 게 당연하고 부모의 관심으로 개선이 가능하다.

그 나이를 넘으면 어렵다.

스스로 해야 한다.

그렇기 때문에 아이들은 더 크기 전에 그 틀, 그 질, 그 바탕을 잘 잡아줘야 한다.

누군가가 어떤 운동방법이나 수련방법이 몸에 아주 좋다며 소개한다고 해서, 그 말만 듣고 무조건 그대로 따라서 하는 건 좋은 게 아니다.

그 사람과 나는 맥박이 다르고 체형이 다르고 체질이 다르기 때문이다.

잘못하면 따라하는 사람이 위험하게 되고 목숨을 잃게 될 수도 있다.

통증은 내 몸 일부가 더 큰 내 몸 전부에게 몸의 거기를 개선시켜달라고 하는 신호다.

통증을 세탁하듯이 깡그리 씻어내려고 하는 방법은 좋은 방법이 아니다.
통증을 못 느끼게 그 부위의 신경을 끊어버리는 방법은 더욱 좋지 않다.
두통이 있다고 사람 목을 자르면 두통이 안 생기는 것은 당연하지 않는가?

현대의학에서 발달한 서양의학의 기초는 해부학이다.
그 해부는 살아 있는 사람을 놓고 한 것이 아니다.
죽은 사람의 송장을 놓고 연구해온 거다.
죽은 사람의 해부는 살아 있는 사람의 해부와는 다르다.

해부할 때 '해(解)'자를 파자해보면 각을 뜬다고 할 때의 '각(角)'자에 칼 '도(刀)'에 소 '우(牛)'자를 합친 것이다.
그대로 읽으면 칼로 소 한 마리를 부위별로 각을 뜬다는 말이 된다.

송장을 해부해보면 사람 몸이 구조적으로 어떻게 생긴 건지, 어느 장부가 어느 쪽에 있는지, 모양이 어떻게 생겼는지 등을 알 수 있다.
환자가 살아 있을 때도 전신마취를 해서 몸 안의 고름 덩이리나 암 덩이리를 도려내고, 못 쓰게 된 장기를 들어내고 장기 이식을 할 수도 있다.

심장에 심박동기 같은 보조 의료장비를 집어넣는다든지, 무릎에 인공 관절을 넣는다든지, 뼈를 대신해줄 인공기구를 넣는다든지 하는 외과적 처치를 할 수 있게 된 것은 해부학의 괄목할 만한 개가이다.

이런 외과적 치료와 처치는 몸의 불편해진 기능을 향상시키기 위한 것이다.

그러나 사람 몸의 본질적 상태를 고쳐 세포와 장기를 원상복구할 수 있는 것은 아니다.

외과적 의료장비를 갖고 환자 몸에 하는 시술이나 수술로는 원상복구가 거의 불가능에 가깝다.

왜 그럴까?

살아 있는 사람의 몸에는 그 체질에 맞는 바탕으로서 한과 열이 있고 허와 실이 있고 음양이 있고 경락이 있고 맥박이 있기 때문이다.

한열, 허실, 음양, 경락, 맥박은 눈에 보이지 않기 때문에 해부학의 연구대상에서 간과된 것이다.

비록 눈에 보이지는 않지만 우리 조상들이 건강관리에 매우 중요하다고 의서(醫書)에 기록한 우리 몸의 한열, 허실, 음양, 경락, 맥박의 근본과 작용은 우리 몸을 기본적으로 관장하고 있다는 것을 오늘날 현대의학은 인정하고 있다.

양의학과 한의학은 협업하고 공동 연구해야 하는 이유가 충분하다.

사람은 먹는 음식에 의해 몸의 건강상태가 만들어진다.

의학의 아버지 히포크라테스는 "음식으로 낫지 않는 병은 약이 없다" 라고 말한 바 있다.

건강관리에 음식만큼 중요한 요소는 없다.

5.
건강관리의 중요 요소는 무엇인가

인간이 먹는 곡식의 원형은 씨앗이다.

땅에 뿌렸을 때 생명을 잉태할 수 있는 생명력은 오직 씨앗만이 갖고 있다.

뿌리, 줄기, 잎, 꽃으로는 안 된다.

오직 씨앗만 된다.

그 씨앗 알갱이 하나에 온 천지의 정보가 다 들어 있다.

씨앗은 소우주다.

씨앗은 무극으로 존재한다.

씨앗 한 알갱이가 땅에 뿌려지면 자체의 수기(水氣), 땅의 지기(地氣), 하늘의 온기(溫氣), 그리고 햇빛(火氣)을 받아서 처음 껍질을 뚫고 나오는데, 그 나오는 처음 것이 태극이다.

씨앗의 겉껍질이 찢어져야 싹이 나온다.

그 뚫고 나오는 게 태극이고, 태극에서 음양이 생겨난다.

사람도 마찬가지다.
우주의 정기, 순수한 생명기운을 담아놓은 그릇이 바로 사람의 몸이다.
우리 몸 안에 다 담겨 있다.

식물은 그 생명기운을 씨앗에 담아놓은 거다.
그렇게 담아놓은 대표적 먹을거리가 오곡이다.

이 오곡의 기운이 어디로 가느냐?
우리 몸속 각각의 오장으로 들어간다.
오곡을 먹으면 곡식 한 알갱이에 들어 있는 우주가 내 몸속으로 들어오는 것이다.

『부도지』를 보면 인류 최초의 낙원 마고성에 살던 시절에는 사람들이 지유(地乳)를 먹고 살았다고 한다.
사람들이 지유를 먹고 살던 시절에는 본성을 잃지 않았지만, 인간이 포도의 오미(五味)를 먹고 나서부터 본성을 잃었다는데 이를 '오미의 변(五味 變)'이라고 기록하고 있다.

지유(땅 우유)는 맛이 생기기 이전의 음식을 상징하는 것이다.

지유를 먹었다는 것은 맛 이전의 무미(無味)를 먹었다는 말과 같다.

오미(五味)가 아닌 무미(無味)의 맛을 먹고 있다가 포도를 따먹기까지는 무량한 시간이 흘러갔을 거다.

무미를 먹었던 그때는 인간의 본성이 우주와 같고 천지와 같았다.

시간이 흘러 사람의 개체수가 늘고 무량한 시간이 흐르면서 먹거리 문제가 일어났다고 볼 수 있다.

그 많은 사람들이 먹고살려고 여기저기 흩어져서 먹거리를 찾아나섰다가 누군가가 포도를 발견하고 따먹게 되었다.

포도는 신맛이다.

신맛을 먹은 거니까 목기(木氣)를 먹은 것이다.

목(木)은 간, 담을 관장한다.

그러면 간, 담의 기운이 강해진다.

간은 눈을 지배한다.

그게 사람의 눈을 크게 밝힌 것이다.

사람이 하늘이 준 본성(本性)을 잃은 대신에 스스로 이치를 따지고 생각하는 인성(人性)을 가지게 된 것이다.

『창세기』를 보면 이브가 뱀의 꼬임에 빠져 처음으로 사과를 따먹었다고 나오는데 사과도 신맛이다.

목기(木氣)를 먹었다는 얘기다.

목기를 먹었으니 눈이 크게 뜨였고, 본성(本性)을 잃고 인성(人性)이 생겨난 것이다.

이와 유사한 얘기는 세계적으로 오래된 나라의 웬만한 경전에는 다 나오는 얘기다.

목기의 신맛은 눈을 밝게 하는 것인데 인간이 신맛을 먹고 나니까 그때부터 크게 눈이 뜨여 스스로 이치를 따지고 생각하는 분별력이 생겨난 것이라 할 수 있다.

『부도지』는 신라시대 학자 박제상 선비가 쓴 인류의 시원역사를 기록한 철학서다.

지유(地乳)라는 것은 지금 식으로 표현하면 '땅 우유' 또는 '땅 기름'이라 할 수 있다.

지유를 먹고 초목이 자라고 곡식이 자란다.

유(기름)와 물은 다르다.

유는 더 익은 걸 뜻한다.

물이 익어서 발효가 되면 유가 되는 것이다.

초목과 곡식은 그린 지유를 먹고 햇빛을 빛아 오미를 만들어낸다.

태초에 무극에서 태극이 나오고, 태극에서 음양이 나오고, 그것이 오행으로 변화되고 진화되는 역사를 압축해서 기록한 것이다.

오미를 다 골고루 균형 있게 먹어야 오장이 건강해진다.

앞에서 '신맛', '쓴맛', '단맛', '매운맛', '짠맛'이 나는 음식의 식재료를 비교적 상세하게 소개해둔 이유는 오미를 골고루 찾아먹는 데 도움이 되기 위해서다.

인간이 건강하게 살려면 몸의 요소인 정(精), 기(氣), 신(神)이 밝아야 한다.
정은 몸이고, 기는 생명에너지이고, 신은 마음(생각, 의식, 정신, 영혼)이다.
육체가 밝아야 하고, 기운이 밝아야 하고, 마음이 밝아야 한다.

호흡, 섭생, 운동, 체온 유지는 건강관리의 4요소이다.

첫째, 호흡(呼吸)을 잘해야 한다.

숨을 쉬는 데도 음양이 있다.
들숨인 흡(吸)은 음이고 날숨인 호(呼)는 양이다.

흡(들숨)은 하늘에 있는 기운을 내 안에 끌어들이는 것이다.

먼저 들어온 묵은 기운을 내보내는 게 호(날숨)이다.

호흡은 부드럽게 물 흐르듯이 무리 없이 하는 게 좋다.

가급적이면 하단전까지 심호흡(깊은 호흡)을 하기를 의서(醫書)는 권한다.

『동의보감』에는 '단전호흡은 단명자를 장수자로, 장수자는 신선으로 만든다'라는 표현이 있다.

이 말을 어디까지 믿을지는 자유다.

그러나 바른 호흡은 어떤 질병으로부터도 자신을 지켜주는 최강의 건강무기가 된다.

호와 흡, 날숨과 들숨은 한 숨이고 한 숨은 생명이다.

한 숨을 통해 우리는 매순간 생명을 유지한다.

무병장수하려면 한 숨을 통한 바른 호흡을 해야 한다.

일상생활을 영위하면서 생사를 초월한 삶을 살려면 한 숨을 통한 바른 호흡을 해야 한다.

숨은 자율신경계로, 날숨을 통해 부교감신경을 활성화시키고 들숨을 통해 교감신경을 활성화시키는 작용을 한다.

예부터 호흡을 고르게 하는 조식(調息)은 장생구시(長生久視)의 수련법으로 귀하게 전해져 내려왔다.

단전호흡을 하면 우주의 기 에너지가 하단전에 충만해지고, 무거운 몸이 가벼워지는 육체적인 생리변화가 자연스럽게 일어난다.

둘째, 섭생(攝生)을 잘해야 한다.

우리가 몸 안으로 끌어들이는 것으로 공기, 음료, 음식이 있다.
좋은 공기, 좋은 음료, 좋은 음식을 끌어들여야 한다는 건 자명한 이치다.

음식에는 주식과 부식이 있다.
주식이 밥이라면 부식은 반찬이다.

우리 조상들만큼 반찬을 많이 만들어 먹는 민족은 보기 드물다.
기본 반찬 3첩에서 시작하여 6첩 반찬, 9첩 반찬, 12첩 반찬, 많으면 27첩 반찬도 있다.
외식과 음식 문화가 상업적으로 발전한 오늘날에는 전통요리에 33첩 반찬까지 손님 밥상에 등장하는 나라가 우리나라이다.

간장, 된장, 고추장, 청국장, 김치, 젓갈 등 염장으로 발효식품이 되어 효소가 살아 있는 반찬을 만들어 먹는다.

오늘날 외국인들이 한국의 반찬 문화를 부러워하는 이유는 음식을 먹는 각자의 기호대로 여러 가지 맛을 조합해서 먹을 수 있는, 한식만이 갖는 맛의 특징을 내는 풍부한 식재료와 여러 형태의 요리 방법이 있기 때문이다.

한식의 맛을 내는 기본 식재료에는 간장(청장, 중장, 진장), 된장(막장, 쌈장, 초장, 청국장), 고추장, 젓갈, 장아찌, 다시마, 초피, 조청, 감태, 버섯(송이버섯, 표고버섯, 느타리버섯, 팽이버섯, 목이버섯, 능이버섯, 상황버섯 등), 두부, 나물, 채소뿌리 등이 풍부하게 사용된다.

한식의 특징은 조리 방법이 세계에서 가장 다양하다는 것이다.

한국인의 가정에서는 찜, 탕, 국, 죽, 조림, 구이, 볶음, 꼬치, 무침, 절임, 짜글이, 주물럭, 두루치기 등으로 음식을 맛깔나게 요리하는 다양한 전통 방법이 전해져온다.

우리 조상들은 사람(人)이 몸 안으로 가장 좋은 것(良)을 끌어들이는 것을 밥(食)이라 하고 밥을 먹는 행위를 식사(食事)라 불렀다.

밥을 만드는 데 필요한 오곡이 있는데 이 오곡이 오장을 만드는 영양소를 제공한다.

오곡은 우리말 큰사전에 의하면 쌀, 보리, 조, 콩, 기장이나 또는 모든 곡식을 통틀어 일컫는 말로 설명되어 있다.
다른 문헌에서는 기장, 피, 보리, 콩, 조 등으로 표현된 것도 있다.

오곡이란 오랜 농경 역사를 통해 우리 인간생활에 크게 유익한 것을 가려 재배하도록 한 주요작물을 뜻하는 것으로 이해하면 될 것이다.

셋째, 운동(運動)을 잘해야 한다.

무릎 아픈 사람은 무릎에 영양을 주는 단맛을 먹고 무릎 운동을 해줘야 무릎이 튼튼해진다.

허리 아픈 사람은 신장, 방광에 영양을 주는 주식과 부식을 챙겨먹고 허리를 움직여줘야 그 기운이 허리를 튼튼하게 해준다.

어깨가 아픈 사람은 어깨를 지배하는 삼초에 영향을 주는 음식을 먹고 어깨를 움직여주면 어깨가 회복된다.

우리 몸의 운동은 매우 중요하다.

신체 각 부분 운동과 몸의 전신 운동을 매일 정기적으로 일정한 시간에 해주는 운동습관을 체득할 필요가 있다.

부분 운동으로 누구나 쉽게 할 수 있는 운동은 우리 얼굴에 있는 5가지 부분을 잘 보살피는 운동이다.

눈 운동(눈동자 돌리기), 혀 운동(혓바닥 굴리기), 입 운동(입 크게 벌리기), 코 운동(부비강 마사지하기), 귀 운동(귀 테두리 마사지하기)을 권장한다.

앞에서 설명한 것처럼 눈, 혀, 입, 코, 귀는 우리 몸의 오장인 간장, 심장, 비장, 폐장, 신장 등과 각각 상호작용을 하기 때문에 사람의 얼굴에 있는 이 부분들을 매일 일정한 시간에 가볍게 운동시켜주면 큰 효과를 볼 수 있다.

운동이 우리 몸에 중요하다는 것은 우리 조상들의 원시생활을 추측해 보면 금방 알 수 있다.

우리 조상들의 원시생활 공간은 산골이었다.

한반도는 4분의 3이 산이다.

산에는 계곡이 있어 물을 공급받을 수 있으며 숲속에는 사람이 먹을 수 있는 수반 가시 생물이 존재했기 때문이다.

사람은 직립으로 걸을 수 있는 유일한 존재이다.

우리나라에는 '누우면 죽고 걸으면 산다'라는 말이 예부터 전해온다.

즉, 와사보생(臥死步生)이다.

나이가 들수록 '누·죽·걸·산'을 기억하고 실천해야 한다.

현대의학은 우리 몸의 다리 근육을 잘 유지할 것을 권한다.

사람은 다리가 튼튼해야 오래 살 수 있다.

두 다리는 사람의 교통수단이다.

특별히 엉덩이 근육, 허벅지 근육, 종아리 근육을 튼튼히 단련해야 한다.

연철은 단련하지 않으면 강철이 되지 않는다.

다리를 단련시키려면 걷고 또 걸어라.

걷기는 사람이 할 수 있는 운동의 기초다.

필자는 사람의 건강일생을 춘·하·장하·추·동(春·夏·長夏·秋·冬)으로 나누어 분류해 다음과 같이 보고 있다.

0~20세는 봄이다.

20~40세는 여름이다.

40~60세는 늦여름이다.

60~80세는 가을이다.

80세부터 돌아갈 때까지는 겨울이다.

봄, 여름에 해당하는 사람은 생장하고 성숙하는 시기이기 때문에 생활 자체가 활동적이고 삶의 활동 그 자체가 운동이 되는 경우가 많다.

그러나 40세부터는 인생의 오곡백과(五穀百果)가 무르익는 시기가 도래하기 때문에 삶 자체가 비활동적으로 변하고 그 결과 운동부족이 쉽게 올 수 있다.

따라서 늦여름 시절인 40대부터는 의식적으로 몸 활동에 관심을 가지고 자신의 몸에 맞는 운동을 스스로 찾아서 시작해야 한다.

격한 운동을 하지 않아도 된다.

근감소증에 걸리지 않도록 근육을 보강하는 가벼운 운동은 반드시 필요하다.

이 시기에는 걷기 운동만 잘 해도 건강 유지에 필요한 기본 움직임은 해결된다.

산책할 때처럼 느릿느릿 걷는 것은 현대의학에서는 운동이 안 된다는 판단이다.

산책의 걷기보다 보폭을 10㎝ 정도 더 늘려서 큰 보폭으로 걸으면서(보폭을 크게 하면 자연적으로 걷기가 속보로 변한다) 발뒤꿈치를 먼저 대고 엄지발가락을 나중에 떼는 걸음법을 권장한다.

하루에 1시간 이상 매일 걷는 것을 현대의학은 권장한다(필자는 하루 2시간 걷기를 실천하고 있다).

걷기 운동을 할 때 우리 조상들이 해온 '뒷짐걸음' 요법도 실천해볼 만하다.

성인병 중에 상당수의 병은 척추 문제에서 비롯되고 또 복부비만에서 오기도 한다.

뒷짐 지는 자세로 두 손등을 등허리 척추에 대고 눌러주면 저절로 가슴이 펴지고 목과 허리가 곧게 펴진다.

척추는 우리 몸의 중심을 지지하는 기둥 역할을 하고 있으므로 매우 중요하다.

사람의 척추는 경추, 흉추, 요추, 천추의 4개 부분으로 구분되며, 모두 25개의 척추뼈가 수직으로 연결되어 있다.

각 척추뼈 사이에는 디스크(추간판)라고 불리는 연골이 들어 있어서 척추에 가해지는 충격을 흡수하는 역할을 담당한다.

각각의 척추뼈 내부에는 척추관이라는 빈 공간이 있다.

이곳을 따라 뇌에서 내려오는 척수가 지나가면서 각 척추 사이마다 한 쌍씩의 척추신경을 내보내고 있는데 디스크는 척추뼈 사이에 존재하는 관절 연골의 일종이다.

디스크는 섬유태(외부)와 수핵(내부)으로 구성된다.

외상이나 퇴행성 변화 등으로 섬유태가 찢어지거나 파열되면 내부의 수핵이 밖으로 밀려나와 주위 조직, 특히 척추신경을 압박하면서 통증을 유발하는데 이것을 '추간판 탈출증'이라고 한다.

나이가 들면 신경이 지나가는 통로인 척추관이 좁아진 상태로 신경이 압박받는 퇴행성 '척추관 협착증'이 올 수도 있다.

추간판 탈출증이나 척추관 협착증을 일으키는 주된 원인은 과도한 체중, 혹은 구부정한 상태에서 일을 오래 하는 것 등이다. 오랫동안 척추에 무리가 가해진 경우에 발생하는 퇴행성 질환인 경우가 많다.

허리의 디스크 통증은 나이가 들면 누구나 경험할 수 있는 질환이기 때문에 위에서 설명한 척추의 기본적 구조와 통증의 원인을 알아둘 필요가 있다.

뒷짐걸음은 척추를 교정해주고 복부비만을 줄이는 효과가 탁월하다.

한 번에 5분씩 하루 두세 번 정도 규칙적으로 뒷짐 자세를 습관화하면 디스크 통증 등도 예방할 수 있다.

넷째, 체온(體溫) 유지를 잘해야 한다.

인산은 온열 생명체이나.

인간은 냉한 저온 생명체가 아니다.

때문에 온기를 상실하면 만병이 들어온다.

사람이 늙는다는 것은 수분과 염분이 점점 줄어들면서 체온이 떨어지고 내 몸에서 필요한 염수를 만들지 못해서 늙게 되고 결국 죽게 된다.

영유아들은 신체의 80% 정도가 물이고 혈액의 염도가 1.5%나 되기 때문에 체온이 36.5~37.5도를 유지한다.

우리 몸의 체온이 내려가면 저항력이 떨어지고 면역력이 약해진다.

나이가 들수록 평균체온이 조금씩 낮아지므로 노년기에는 신체의 체온 유지에 신경을 써줄 필요가 있다.

물론 일사병이나 열사병처럼 체온이 너무 올라가는 것도 사람의 목숨을 앗아갈 위험이 있다는 것을 간과해서는 안 된다.

체온이 평균보다 낮아지는 것은 암을 유발하는 원인이 되기 때문에 평상시에 우리 몸의 온기를 잃지 않도록 주의할 필요가 있다.

암세포는 고온에서는 쪽을 못 쓰지만 체온 35도 이하의 저온에서는 활동이 활발해진다.

특히 우리가 식사를 할 때 입안으로 음식이 들어가면 입속에서 치아와 혀의 협업으로 씹는 과정을 거친다.

이때 입속에서 음식을 잘 씹어 침샘에서 나온 침으로 곤죽을 만들어 줘야 한다.

사람의 타액선(침샘)에는 탄수화물을 소화시키는 데 도움을 주는 아밀라아제(amylase)라는 효소가 생산되기 때문에 오래 씹을수록 음식에 효소가 적절하게 섞이는 효과를 볼 수 있다.

오래 씹으면 입 속에서 체온의 영향을 받아 음식물의 온도가 올라가는 부수효과도 따른다.

찬 음식물이 뱃속으로 들어가면 소화작용이 부실해진다.

사람은 뱃속이 차게 되면 소화를 못 시킨다.

음식물을 소화시키는 효소가 다 죽어버리기 때문이다.

우리 몸이 부패가 안 되도록 해주는 게 체온이다.

우리가 먹는 영양소의 80%는 혈액을 만들어 체온을 유지하는 데 사용된다.

어린이나 노약자나 찬 걸 많이 먹으면 반드시 내장에 문제가 생긴다.

인류는 수십만 년 동안 상온의 물을 마셨고 불을 발견한 이후에는 뜨거운 숭늉을 만들어 마셨다.

숭늉을 마시면 열이 보충되니까 효소가 활성화되어 소화가 잘된다.

식사 직후에 찬물, 아이스크림을 먹어서 위장을 식혀버리면 위장은 뱃속에서 곤죽을 만들 수 없어서 문제를 일으킨다.

예를 들면 구취 나고, 썩은 내 나고, 몸이 무거워지고, 어깨가 무거워지고, 체온이 떨어지면 그때부터 암세포가 창궐하기 시작한다.

뜨거운 숭늉을 마시면 암세포는 움직일 수 없다.
모든 물질은 차면 수축되고 뜨거우면 늘어나게 된다.
그게 물질의 본성이다.

우리 몸에 존재하는 세포의 입장에서 보면 우리 몸의 세포가 지니고 있는 온도만큼 뜨겁게 먹어야 곤죽이 잘되고 흡수와 배설이 잘된다.

요즘 우리 사회가 풍요로워져서 사람들이 비교적 좋은 음식을 잘 먹으니까 영양분의 허실 문제는 많이 해결되었다.
오히려 영양분이 넘쳐나서 운동부족으로 질병이 생길 정도로 상황이 많이 변했다.

하지만 한열 문제는 풍요롭거나 빈곤하거나 돈이 많이 있거나 돈이 없거나 상관없이 우리에게 그대로 남아 있다.

그건 내 스스로 내 몸을 생각해야만 해결할 수 있다.
내 몸이 생명유지가 될 만큼 따뜻해야 한열 문제가 해결되는 것이다.

사람은 스스로 자기 몸을 다스릴 수 있다.

사람은 생각하는 존재이기 때문이다.

사람에게는 뇌세포가 있는데 일생 동안 10% 정도만 꺼내서 말을 배우고, 글을 배우고, 일을 배우고, 살림 사는 법을 배운다고 한다.

그러니까 거기에서 조금만 더 꺼내 쓰면 엄청난 일을 할 수 있는 존재다.

우리는 우리가 엄청난 생명 존재라는 걸 알아야 한다.

우리의 능력은 우리 안에 다 내재되어 있다.

그것을 꺼내 쓸 줄 아는 자가 있고, 그렇지 못한 자가 있을 뿐이다.

6.
사람은 왜 마음을 가득 채워야 하는가

인류의 영원한 스승을 보면 알 수 있다.

예수님은 영성을 강론했고, 부처님은 불성을 설법했고, 공자님은 인성을 가르쳤다.

성인들은 망치와 못을 들고 집이나 건물을 지은 것이 아니다.

이치와 원리에 대해 말씀을 하고 때로는 글로 남겼다.

성인들은 종교를 만든 적이 없다.

공자님은 유교를 만든 적이 없고, 부처님은 불교를 만든 적이 없고, 예수님은 기독교(가톨릭·개신교·성공회·정교)를 만든 적이 없다.

사람의 마음에 영성을 담고, 불성을 담고, 인성을 담으라고 가르쳤다.

그리고 참으로 중요한 가르침을 남겼다.

사람의 뿌리인 하늘을 알아야 한다고 가르쳤다.

하늘이 사람에게 준 본성을 회복하라고 가르쳤다.

후대의 영성, 불성, 인성 지도자들이 종교를 만들어서 마음을 비우라는 얘기를 많이 하는데, 분명히 얘기하지만 사람의 마음은 쉽게 비울 수 있는 그런 어떤 것이 아니다.

마음을 비운다는 것은 생각을 비운다는 것이고, 생각을 비운다는 것은 의식을 비운다는 것이고, 의식을 비운다는 것은 정신을 비운다는 것이고, 정신을 비운다는 것은 영혼을 비운다는 것이다.

사람은 자기가 죽기 전에는 생각을 비울 수 없고, 의식을 비울 수 없고, 정신을 비울 수 없고, 영혼을 비울 수 없는 존재다.

만약 사람이 생각을 하지 못하고, 의식을 회복하지 못하고, 정신을 못 차리고, 영혼을 놓치고 있다면 그런 상태는 살아 있는 상태가 아니고 죽은 상태다.

따라서 사람이 죽기 전에는 아무리 비우려고 노력해도 비워지지 않는 것이 마음이나.

그럼 어떻게 해야 하나?

사람은 마음을 채워야 한다.

사람은 마음을 비울 수는 없지만, 마음을 채울 수 있는 존재다.

사람은 마음에 얼마든지 많은 것을 채울 수 있는 존재다.

사람은 마음을 가득 채워야 한다.

영성으로 채우고, 불성으로 채우고, 인성으로 가득 채워야 한다.

더 나아가서 인간 본성으로 가득 채워야 한다.

그러면 내 안에 하느님이 들어오고, 내 안에 부처님이 들어오고, 내 안에 공자님이 들어오고, 내 안에 우주가 다 들어올 수 있다.

마음은 전 인류를 다 담을 수 있고, 전 세계를 다 담을 수 있고, 전 우주를 다 담을 수 있다.

사람의 마음속에 세상에서 제일 큰 것을 통째로 다 집어넣고 가득 채워야 한다.

7.
우리 몸은 스스로 병을 고친다

우리 조상들의 건강관리의 핵심은 '우리 몸은 스스로 병을 고친다'는 데 주안점을 두고 있다.

이것은 자연과학에 근거를 둔 것이다.

의학 분야에는 그렇지 않은 부분이 많다.

왜냐하면 아직도 의학에는 주관적 의견이나 임의적 견해와 실험적 주장 부분이 많이 들어 있기 때문이다.

생명에는 물리학의 세계처럼 하나의 원리로 설명할 수 없는 예측 불가능성이 항상 존재한다.

현대의학은 응급환자의 생사를 다투는 집중치료와 환자의 통증에 대한 대증치료에 치중돼 있다.

정작 병원 문을 두드리는 대부분의 만성 질환에는 환자에게 제공할 수 있는 치료가 제한적이다.

현대의학의 이런 현실은 사람 몸의 전체적인 조화와 각부의 연관성을 등한시하고, 점점 더 세분화되고 분리된 전문 과목 중심의 치료 방법만 특화시킨 결과이다.

현대의학은 사람 생명력의 전체적 관점의 치료를 위해 부분 과목들을 함께 묶어서 접근하는 종합의학, 통합의학, 전체의학에서 점점 더 멀어져가고 있다.

너무나 세분화된 전문 과목별로 나누어져서 부분 증상에만 집중적 관심을 두고 있기 때문에 정작 고통받고 있는 환자 본인의 종합적 상태를 보지 못하고 부분별로 독립되고 단절된 부분의학에 머물고 있는 것이다.

우리 조상들의 전통의학은 우리 몸에 내재되어 있는 전체적이고 잠재적인 자기치유력을 발휘하도록 하는 자연치유요법에 근거를 둔다.
그리하여 사람 몸이 스스로 건강을 회복하도록 돕는 것에 치유와 치료의 주안점이 있다.

16세기 약리학자 파라셀수스는 이런 말을 했다.
"세상 만물은 독이고 독이 없는 것은 없다. 다만 어떤 것이 독이고 어떤 것이 독이 아닌지 결정하는 것은 그것의 양(量)이다."

필자는 이런 말을 할 수 있다.

"모든 음식에는 독이 얼마간 들어 있고, 독이 전혀 없는 음식은 없다. 음식을 자기 자신에게 적절하게 먹으면 약이 되지만, 지나치게 먹으면 반드시 독이 된다."

자연치유요법이란 순수하고 진지한 자연과학의 결과물이다.

현대의학은 진행형으로 발전하고 있기 때문에 치료법이 자연과학 수준에 이르려면 장구한 세월이 필요할 것이다.

히포크라테스의 말처럼 '음식은 가장 좋은 약'이다.

그러나 음식은 적절할 때만 약이 되고, 지나치면 독이 된다는 것을 꼭 기억해둘 필요가 있다.

우리는 누구나 스스로 분별력을 갖고 있다.

자신의 분별력으로 따져봐야 한다.

분별력이 없거나 약한 사람은 여러 사람의 의견, 주장, 학설을 많이 들고, 읽고, 배워야 한다.

　세상엔 다양한 의견과 다양한 관점, 그리고 사람마다 다른 견해와 다른 주장이 존재한다는 것을 알아야 한다.

　누구의 말이든 분별력 없이 무조건 믿고 따르면 그 사람의 노예가 되는 것이다.

　어느 의사 선생님이 단 걸 먹으면 더 살찐다고 말한다.
　그런데 반대로 단 걸 먹어야 살이 빠지는 사람도 있다.
　경우와 이치와 사리로 분별해보면 금방 알 수 있는 것이다.

　우리는 과학적이지 않은 것을 과학적인 걸로 착각하고 맹신하는 이상하고 나쁜 풍조에 물들어 있다는 것을 깊이 인식해야 한다.

　다른 말로 표현하면 불량지식, 불량정보 속에 살고 있는 것이다.

8.
불량정보와 불량지식은
불량식품보다 더 나쁜 독약 같은 것이다

지금 우리가 잘못 알고 있는 상식과 지식은 어떻게 보면 미신에 가깝다.
경험이나 과학적인 실험에 의해 증명된 것이 아닌 경우가 너무 많다.

분별력을 가지고 자세히 따져보면, 거의 대부분 남의 말이나 글을 귀
로 들었거나 눈으로 읽은 것을 객관적 분석이나 비판적 판단 없이 마치
자기 것처럼 얘기하는 사람이 대부분이다.
자기 것처럼 얘기하는 그 사람의 말에는 이미 자기편견, 자기선입견으
로 왜곡된 부분이 자연스레 들어가 있기 때문에 남의 말이나 글을 있는
그대로 옮기는 것도 아니다.

믿을 신(信)자를 파자해보면 '어떤 사람(人)이 한 말(言)'이다.
어떤 사람이 한 말을 믿는 것이 믿을 신(信)이다.

어질지 못한 사람, 옳지 못한 사람, 바르지 못한 사람, 슬기롭지 못한 사람, 거짓말 하는 사람, 양심에 먹칠한 사람이 한 말을 우리가 믿는다면 어떻게 되겠는가?

예를 들면 우리는 예수님 말씀을 믿을 수는 있지만 거짓을 늘어놓는 어느 목사님 말씀을 믿으면 안 된다는 거다.

예를 들면 우리는 부처님 말씀은 믿을 수는 있지만 양심에 먹칠을 한 어느 스님 말씀을 믿으면 안 된다는 것이다.

예를 들면 우리는 대한민국의 국가정체성인 자유와 정의와 진리를 믿을 수는 있지만, 투표권 하나만을 가진 순진한 국민을 가식으로 속이고 위선으로 현혹시켜, 오로지 권력을 잡으려고만 하는 사기꾼 같은 정치인의 미사여구와 감언이설을 믿어서는 안 된다는 것이다.

필자가 이 책에서 인용한 말은 '경전'이나 '고전'의 말씀을 인용한 것이다. 경전의 말씀 속에는 기본이 되는 원리와 이치가 담겨 있다.

그 담겨 있는 내용을 잘 살펴봐야 한다.
그리고 독자로서 분별력을 발휘해야 한다.

우리는 동양이 서양보다 미개하다는 말을 가끔 듣는다.

혹자는 서양이 동양보다 미개하다고 말하기도 한다.

우열을 따질 필요는 전혀 없지만, 어느 쪽이 더 미개한지는 금방 알 수 있다.

미개하다는 게 별것이 아니다.

미개는 문자로 '未開'라고 쓴다.

'아직 미(未)'와 '열 개(開)'이다.

'하늘의 이치가 아직 열리지 않았다'는 뜻이다.

우리 조상들의 철학과 학문은 예로부터 관념이나 가치체계에 있어서 자연적이고 천문학적인 토양을 갖고 있었다.

하늘의 이치와 땅의 이치에 열려 있고 포괄적이며 전체적이다.

의학 부분만 해도 그렇다.

침의 종주국은 중국이 아니다.

사실은 고조선이 종주국이다.

단군의 후예들이 그 종주권을 계승해왔고, 침을 만들고, 침을 놓을 자리인 경락을 찾아낸 것이다.

경락은 사람 몸속에서 생명력인 기(氣)가 흐르는 통로다.

그런데 이게 사진을 아무리 찍어도 안 나타난다.

서양에서는 오랫동안 모르고 있다가 한의학에서 침을 통해서 마취를 시키고, 통증을 완화시키고, 기혈의 순환을 향상시키니까 현대의학이 발달한 미국과 유럽 등지에서도 늦게나마 활발하게 연구를 시작하게 된 것이다.

신경과 경락은 다르다.

신경은 정보전달 시스템을 말한다.

얼음을 만지면 차가움을 느끼고, 모래를 만지면 껄끄러움을 느끼고, 뜨거운 걸 만지면 뜨겁다는 느낌이 오는데 이건 신경이 하는 일이다.

경락이 하는 일이 아니다.

경락은 무슨 역할을 하는가?

경락은 생명력을 길러주고 보호하는 역할을 한다.

9.
경락은 생명력이 흐르는 통로다

생명력은 무엇이냐?

우리 몸을 죽지 않고 살아 있게 하는 에너지가 생명력이다.

우리 몸에는 3대 에너지가 있다.

우리 몸의 3대 에너지는 활동에너지, 면역에너지, 재생에너지이다.

우리 몸을 살아 있게 하는 생명력은 시체에는 아무리 찾아도 없다.

몸이 살아 있을 때만 존재하는 것이다.

이걸 서양이 몰랐으니까 우리 조상들보다 수천 년 늦은 거라고 말하는 사람도 있다.

이런 주장은 무의미하다. 이런 말은 웃자고 하는 얘기에 불과하다.

에너지를 만드는 곳이 어디냐?

머리냐? 가슴이냐? 배냐?

바로 배다.

뱃속에서 에너지가 만들어진다.
뱃심이 힘의 원천이다.
'뱃심 좋다, 뱃심이 두둑하다.'
이런 소리를 들으면 일단 건강하다는 증거다.

에너지는 배에서 나온다.
에너지는 장부에서 만들어져 전신으로 흐른다.

생사의 근원과 만병의 근원은 오장육부에 있다.

어느 누가 생사의 근원이 뇌에 있다고 한다면 가당치도 않는 말이다.
뇌사자의 경우 뇌는 죽었지만 심장은 뛰고 있고, 숨은 쉬고 있다.
그러면 뇌는 죽었어도 사람은 아직 죽지 않고 살아 있다는 증거다.

경락은 생명력이 흐르는 선이다.
피부로부터 대개 1~10㎜ 정도 아래에 피부와 근육 사이, 근육과 근육
사이로 흐른다.

뱃살 가죽은 상당히 두껍기 때문에 복부의 혈 자리는 다른 곳보다 약간 깊다.

경락 할 때의 '경'과 경혈 할 때의 '경'은 무엇이냐?

세상에서 가장 위대하고 훌륭한 책을 '경'이라고 부른다.

『천부경』, 『역경』, 『도덕경』, 『유경』, 『불경』, 『성경』 할 때의 '경'이 모두 같은 '경(經)'자이다.

그런데 왜 이 글자를 사람 몸에다가 썼을까?

사실은 책보다 사람이 세상에 먼저 존재했다.

아주 옛날 사람들은 맨날 사람 몸만 쳐다봤다.
하늘 한 번 쳐다보고 내 몸 한 번 쳐다보고, 그 후에는 조상들이 남겨놓은 글 한 번 쳐다보고, 내 몸 한 번 쳐다봤다.

경(經)자를 파자해보면 실 사(糸)에 한 일(一)에 바뀔 천(巛)에 이을 공(工)자로 구성된다.

실 사(糸)는 누에고치가 몸속에서 어떤 덩어리를 잘게 나눈 뒤에 그것을 가늘게 뽑아낸 것이다.

우리가 음식을 먹었을 때, 예를 들면 사과를 먹었을 때, 사과를 통째로 쓸 수 없으니까 먼저 잘게 쪼갠 후 곤죽을 만들고, 그 곤죽에 소화 효소를 합성시켜 소장으로 보내고, 소장에서 더 잘게 쪼개서 흡수를 한다.

그것이 간에 보내져서 간에서 피가 저장되고, 그 피가 전신에 보내지는데 그러자면 실보다 수만 배나 더 가늘게 쪼개져야 된다.

그게 생명력을 근본적으로 다스리는 방법이다.

그것을 하늘 아래 땅 위에서 하고 있는데 바뀔 천(巛)이니까 그 공력이 천지를 잇(工)는다.

이을 공(工)은 장인 공(工)자이다.

옛날의 '장인(匠人)'은 요새 말로 '과학자'이다.

대장장이는 하늘의 이치를 터득해서 불을 만들어내고, 그 불꽃을 조절할 줄 아는 과학자이다.

또 땅의 이치를 알아서 철광석을 끄집어내어 거기에 끊임없이 공력을 들여 공구를 만들어내는 기술자이다.

공(工)이라는 것은 하늘과 땅 천지의 이치를 사람이 잇는 걸 뜻한다.

컴퓨터공학, 전자공학, 기계공학, 토목공학, 건축공학, 생명공학, 식품공학 등에 쓰이는 공(工)이 바로 그거다.

하늘 아래서 변화(巛)를 줘서 사람이 하늘의 이치와 땅의 이치를 잇게 한다(坙)는 뜻을 가진 것이다.

사람에게 통증이 온다는 것은 생명력을 다스리는 경락이 흐르는 선에다가 띄우는 일종의 경고다.

경락에서도 중요한 지점을 경혈(經穴)이라고 부른다.

혈(穴)은 구멍이 아니다. 굴이다.

혈거(穴居)할 때의 그 굴이다.

터널 같은 것이다.

그러니까 침 자리는 한 점이 아니다. 길게 있다.

10.
나는 부처님이 되고 우리는 예수님이 돼야 한다

잠깐 방향을 바꿔 '경전(經典)'이라는 책에 대해서 알아보자.

경전이란 무엇이냐?

사람이 어떻게 사람답게 사느냐를 질문하여 사람이 사람답게 살아가는 원리와 법도를 기록한 책이 바로 경전이다.

『불경』을 읽어보면 과학적 이치와 통하는 얘기가 상당히 들어 있다는 것을 발견한다.
우주 자연의 이치에 맞는 기록이 많다.

부처님은 위대한 성인이다.
그런데 부처님한테 기도하는 건 '꽝'이 될 가능성이 100%다.

왜냐?

부처님은 윤회의 고리를 끊고 해탈해서 '대자유'를 얻어 이 세상하고는 아무 관계가 없는 열반의 세계로 가셨기 때문이다.

우리가 아무리 인연을 맺고 싶어도 부처님은 손을 내밀 수가 없다.

부처님이 손을 내민다면 중생들과 똑같이 윤회를 하고 있는 존재가 되어버린다.

부처님은 윤회를 하고 있는 존재가 아니다.

생사해탈을 해서 '완전한 자유인'이 된 상태에 계신다.

목탁을 두드리고 염불을 하고 수천 번 절을 올려도 부처님은 들은 척도 하지 않을 거다.

그럼 어떻게 하느냐?

간단하다.

내가 부처님이 되어야 한다.

부처님에게 빌고 절하고 앙탈 부릴 게 아니라, 내가 스스로 부처님처럼 돼야 한다.

사찰의 스님들은 불자들에게 삼천배를 하라고 종용할 게 아니라, 모든 불자들이 부처님처럼 되라고 설법해야 할 이유가 있는 것이다.

내가 부처님 말씀대로 살아서 내가 부처님이 돼야 하는 거다.
이치가 그렇다.

『성경』을 읽어보면, 구약성경에는 이스라엘 민족사가 신화처럼 기록되어 있고, 신약성경에는 예수님의 주옥같은 말씀이, 우리 인류에게 빛과 소금이 되는 가르침이 무수히 실려 있다.
기독교 신도 중에는 이스라엘 민족사를 달달 외우고 있는 사람이 많은데, 예수님을 욕보이고 있지 않나 하는 생각을 지울 수 없다.

목사님들은 '예수님에게 기도하라'는 말씀을 하는 대신에, '예수님같이 돼라, 예수님처럼 생각하고 예수님처럼 말하고 예수님처럼 행동하라' 하는 말씀을 해야 하지 않을까?

예수님처럼 인류에게 큰 사랑을 행동으로 보여주신 성인은 아직 없다.

예수님은 '사랑의 화신'이다.

모든 사람이 예수님같이 생각하고, 예수님같이 말하고, 예수님같이 행동한다면, 우리가 사는 이 세상은 바로 '천당'이 될 수 있을 것이다.

우리는 예수님 말씀을 실천해서 우리가 바로 예수님이 되어야 한다.

기도를 백만 번 하는 것보다, 한 번이라도 우리가 예수님이 되어 행동하는 게 우리가 실천해야 할 인간다운 삶의 이정표다.

예수님은 '나는 길이요, 진리요, 생명이다(요한14:1~6)'라고 하셨다.

예수님은 나를 따라 나처럼 행동하면 그곳이 바로 천국이라고 가르치셨다.
이치가 그렇다.

필자가 아래와 같은 말을 하면 뭇 남성들에게 몰매를 맞을지 모르겠다.
하지만 진리를 얘기하는 것이니까 이해하시는 분이 적지 않을 것이다.

'생명의 온전한 이치를 담아놓은 존재는 남자가 아니라 여자다.'

계집 여(女)자를 보면 이치 계에 모을 집이다.
세상의 이치를 다 모아놓은 존재가 여성이다.

'계집 여'는 '다스릴 어'로도 읽는다.

우리나라 선사시대의 마고 할머니 때는 여성이 통치했다.

모계시대에는 세상이 평화롭고 평안했다.

전쟁이 없었다.

'계집 여'자가 들어간 문자를 보면 생명을 낳고, 기르고, 편안하고, 아름답다는 의미가 많다.
예를 들면, 같을 여(如), 좋아할 호(好), 아리따울 요(妖), 아이밸 임(姙), 묘할 묘(妙), 처음 시(始), 편안할 안(安), 맡길 위(委) 등 이외에도 20여 개가 넘는 문자가 있다.

생명을 낳고 기르는 것은 전적으로 여성이 주도권을 쥐고 있다.

여성은 생명을 다스린다.

생명을 다스린다는 것은 인간이 할 수 있는 모든 일 중에서 가장 거

록하고 숭고한 일이다.

평화롭던 모계시대에서 부계시대로 넘어오고부터 통치의 헤게모니가 여성에서 남성으로 바뀌었다.

약 6천여 년 전 환웅 천황이 신시에 배달국을 세울 때는 이미 부계시대로 넘어온 후였다.

그때도 부족을 다스리고 고을을 다스리는 것은 천지 이치를 깨달은 능력자, 즉 신녀(神女)들이 도맡았다.

이 신녀들이 부족과 고을의 평화와 안녕을 위해 천지신명, 마고 할머니, 삼신님께 빌고 축원했다.

옛날 우리나라 고대사회에서는 천지신명을 받드는 신교(神敎) 문화가 있었다.

이때는 나라의 제사장이 최고통치자를 겸했던 제정일치(祭政一致)시대였다.

그 후 고구려 소수림왕 때 불교가 들어오고부터 제정(祭政)분리가 시작되어 하늘에 제사 올리는 종교와 백성을 다스리는 정치가 분리되었다.

불교가 들어오기 전에는 환웅 할아버지를 모셨던 신단(神壇)이 바로 환웅선(桓雄殿)이있는데 불교가 수입되면서 환웅 할아비지는 삼신당(삼성당, 삼신각, 삼성각)으로 모셔지고 환웅전(일명 대웅전)에는 불상을 앉혀놓기 시작했다.

부처님의 가르침을 따르는 세계의 모든 나라에서 불당을 '사원' 또는 '사찰'이라고 부르는데 '절'이라 부르는 나라는 우리나라뿐이다.

왜 '절'이라고 부르느냐?

원래 환웅 할아버지께 '절'을 드리는 제사(祭祀)를 올렸던 곳이기 때문에 그렇게 계속 불러온 것이다.

우리 조상님께 '절'을 올리면서 '이화세계'를 만들고 '홍익인간'이 되고자 하는 건국이념을 잊지 않으려고 기렸다.

'환'과 '대'는 원래 같은 의미를 가지고 있다.

'환웅전'은 '대웅전'으로 명칭이 통일되었고 삼신당은 대웅전 위쪽으로 옮겨갔다.

어느 절에 가봐도 삼신당은 대웅전보다 높은 곳에 모셔져 있다.

'삼신'은 천·지·인을 상징하고, '삼성'은 환인·환웅·단군을 상징한다.

간혹 '칠성각'이 '삼신당'을 대신하고 있는 절이 남아 있는데 이때의 '칠성'은 북두칠성을 하늘로 이고 살면서 만수무강을 기원하는 우리나라

최초의 한인천제 7분을 제사지낸 곳이다.

신시 배달국 이전인 한국(桓國)시절 일곱 분의 한인 천제가 한국(桓國)을 세워 7대를 다스린 것을 기리기 위해 우리 조상들은 칠성각을 세워 제를 올렸다.

안파견 한인, 혁서 한인, 고시리 한인, 주우량 한인, 석제임 한인, 구을리 한인, 지위리 한인이 그분들이다.

본론으로 다시 돌아가자.

경락은 인체의 고속도로라 할 수 있다.

경혈은 그 고속도로의 인터체인지라 볼 수 있다.

모두 365개의 경혈이 있다고 알려졌는데 이곳이 막히면 저리고 쑤시고 아프다.

즉 통증이 온다.

그럴 때 그 혈 자리를 침을 통해 자극해서 소통시키면 생명력이 원활하게 돌아가게 된다는 것이 바로 침술이다.

침은 놓는 것이지 찌르는 것이 아니다.

어디에 놓느냐?

전문 의사는 365개 혈 자리를 다 알겠지만, 중요한 혈 자리 몇 개의 위치만 알아도 웬만한 통증은 소통시켜 해결할 수 있다.

침을 놓는 데는 전문지식이 필요하다.
그래서 간편 방식으로 나온 게 뜸이다.
침을 놓는 혈 자리에 침 대신 뜸을 놓는 것이다.

그 후에 지압, 마사지 등 좀 더 쉬운 방법으로 변천해왔다.
현대의 도시 뒷골목에 '경락, 지압, 마사지'의 간판이 많이 보이는 이유다.

'경락'은 경맥과 낙맥을 함께 부르는 것이다.
인체의 세로로 흐르는 것을 경맥이라 한다.
인체의 가로로 흐르는 것을 낙맥이라 한다.
경맥과 낙맥은 더불어 생명력을 흐르게 하는 곳이다.

경맥과 낙맥은 인체 안의 씨줄, 날줄과도 같다.
그 씨줄과 날줄이 만나는 점에 중요 혈 자리가 있다.
경락은 가로, 세로, 입체적으로 우리 인체에 미치지 않는 곳이 없다.
인체의 수백조 세포 구석구석까지 물샐틈없이 짜여져 있다.

침, 뜸, 지압, 마사지를 하는 것은 몸 안에 있는 에너지를 활용하는 것인데 이미 들어와 있는 에너지를 순환시키는 방법이다.

몸 안에 들어와 있는 절대 에너지가 부족할 때는 침, 뜸, 지압, 마사지 갖고는 안 된다.
외부로부터 에너지를 공급해줘야 한다.

예를 들어 침 맞고 기혈의 소통이 되어 통증을 해결했는데 시간이 지나면 또 아프다.
그러면 또 침 맞는다.

외부 보충은 안 하고 또 침만 맞으면 그때뿐이고 또 아프다.
침만 자꾸 맞으면 간에 무리가 간다.

간에 무리가 갔을 때 침보다 더 좋은 것은 신맛 나는 것을 먹는 것이다.

모든 생명체는 먹어야 생존할 수 있다.
에너지가 부족할 때는 먹어야 한다.

예를 들어 편두통은 담, 경맥이 소통이 안 되어 일어난다.
이때는 신 것을 먹어야 한다.

얼마나 먹나?
통증이 해결되면 안 먹어도 된다.

어떤 사람은 오렌지주스 한 컵이면 해결되고, 어떤 사람은 포도주스 한 컵이면 해결된다.

어떤 사람은 식초 한 컵을 먹고 해결하기도 한다.

예를 들면, 앞머리가 쏟아질 듯이 아픈 사람은 단맛이 나는 꿀이나 설탕을 먹으면 낫는다.

위장이 안 좋아서 생기는데 앞이마로 위 경맥이 지나가기 때문이다.

뒷머리가 아플 때는 짠 것을 먹어야 한다.

반찬을 간간하게 해서 꾸준히 먹으면 좋아진다.

사람은 온전하게 오장육부의 맥·락, 음·양, 허·실, 한·열의 균형이 맞으면 정상적으로 병 없이 살 수 있다.

설사 병이 들었다가도 몸 안의 저항력, 면역력에 의해 금방 나아버린다.

하지만, 우리 몸 안의 맥·락, 음·양, 허·실, 한·열의 균형이 깨져버리면 병에 잘 걸리게 된다.

우리 몸의 세포는 매일 생겨나고 매일 죽는다.

우리 몸 안에서 생사가 동시에 일어나고 있는 것이다.

그래서 생사일여(生死一如)라는 표현이 생긴 것이다.

오늘 만들어지는 세포를 새롭고 싱싱하고 건강하고 튼튼하게 만드는 게 중요하다.

아기가 태어나서 처음 호흡을 시작할 때는 호(呼)를 먼저 한다.
날숨이 먼저다.
엄마의 아기집에서 받은 기운을 먼저 내놓는다.
이게 첫울음이다.

첫울음을 울지 못하면 아기는 살 수 없다.

그런 다음 첫 숨을 들이켜는데, 이게 첫 들숨이다.
우주의 공기를 처음으로 자기 안으로 끌어들인 것이다.

이렇게 처음 들이켠 공기가 그 아이의 사주다.
'사주팔자', 또는 '명리학'이라고도 한다.

그 첫 들숨을 쉼으로써 하늘의 생명줄에 연결된다.
엄마 내신 처음으로 하늘에 선원을 꽂게 되는 것이다.

하늘과 나 사이에서 내게 하늘의 전원을 꽂는 것을 천명(天命)이라고 한다.

'생명은 재천(在天)이다', '운명은 재천(在天)이다'라는 말이 거기서 나온 것이다.

아기가 첫 숨을 들이켠 후 매초, 매분, 매시마다 하늘로부터 다른 기운이 들어온다.

'나'라는 '프로그램 칩'에 하늘의 공기가 들어가면 여기에 '하늘의 프로그램'이 새겨진다.
그것을 분석하고 해석하는 게 '사주 명리학'이고 '사주 추명학'이다.

하늘의 기운이 인간의 세포에 들어가면 어떤 작용을 하는가?

그걸 연구하여 분석하면 맞는 경우도 있고 안 맞는 경우도 있다.

왜 그럴까?

태어난 장소에 따라 다르고, 여자인지 남자인지에 따라 다르고, 그 사람 몸의 성질(체형, 체질)에 따라 다르고, 몸의 구성 요소인 목·화·토·금·수 중에서 어느 형인지에 따라 다르고, 또 그 사람의 맥박이 빠른지 혹은 느린지에 따라 다르다.

각자는 다른 상태에서 우주의 기운을 받아들이기 때문이다.

그런데, 그 사람의 태어난 장소와 몸의 성질, 몸의 형태는 빼고 사주(연월일시)와 팔자(생년, 생월, 생일, 생시의 8글자)만 가지고 해석하려니까, 이게 귀에 걸면 귀걸이, 코에 걸면 코걸이가 된다.

천간(天干: 갑·을·병·정·무·기·경·신·임·계)과 지지(地支: 자·축·인·묘·진·사·오·미·신·유·술·해)에만 음양오행이 있는 게 아니고 우리 몸의 생명상태에도 음양오행이 각각 돌아가고 있기 때문이다.

아픈 사람에게 정확한 혈 자리에 침을 놓지 못하고, 아픈 증상이 있는 곳에 여러 개 침을 놓는 것을 '산침(散鍼)'이라고 한다.

예를 들면, '머리 아프다' 하면 머리에 침을 여러 개 놓고, '등이 아프다' 하면 등에 침을 여러 개 놓고, '허리 아프다' 하면 허리에 침을 여러 개 놓는 것을 말한다.

파리 한 마리가 앉아 있는데 돌멩이 하나를 던져서 파리를 맞출 수 없으니까 한 스무 개쯤 돌멩이를 던지는 격이다.
그중 하나는 맞을 수 있나.
그렇게 돌로 파리 잡는 걸 '돌 파리(돌팔이)'라고 한다.

이렇게 해도 7할 정도는 맞춘다.

사주팔자도 잘 보면 7할 정도는 맞는다.

침을 왜 놓느냐?

맥·락, 음·양, 허·실, 한·열의 균형을 바로잡으려고 침을 놓는다.

다른 이유는 없다.

균형이 깨져서 증상이 나타났으니까 균형을 바로잡으면 증상도 사라지기 때문이다.

음식은 천지자연의 순수한 정기를 섭취하기 위해 먹는다.

소식은 적게 또는 부족하게 먹는 게 아니라, 과하지 않게 또는 배부르지 않게 먹는 걸 말한다.

과하면 좋은 게 하나도 없다.

과유불급(過猶不及)**이다.**

우리나라의 부모들은 예부터 아이들한테 늘 공부(功夫)하라고 말했다. 옛날에도 그랬고 지금도 그렇다.

공(功)이라는 글자를 보면 장인 공(工)과 힘쓸 역(力)자를 합친 것이다.

공은 위의 하늘(一) 그리고 아래의 땅(一)을 가운데서 사람(丨)이 잇고 있는 모습이다.

사람이 하늘의 이치를 깨닫고 땅의 현실을 터득해서 힘써 이어나가는 것을 상징한다.

이걸 누가 하느냐?

남이 하는 게 아니다.

내가 해야 하는 것이다.

'공부해서 남 주나?' 하는 얘기가 나온 이유이다.

인생에서 공부만큼 소중한 것은 없다.

하늘과 땅 가운데서 천지 이치에 순응하는 삶을 실천하는 게 공부이다.

우리 조상들은 후손들을 위해 웅혼한 정신과 위대한 삶의 방식을 남겨놓았다.

요새 사람들은 춥고 더운 것이 무엇인지, 왜 춥고 왜 더워지는지, 하늘의 이치는 무엇인지 알지 못한 채 살고 있다.

특히 우리가 숨을 쉬고 있는 호흡의 중요성과 우리가 영양을 취하는 음식의 가치를 제대로 이해하지도 못하면서 생활하고 있다.

항간에서 이치를 잘 모르는 사람들이 하도 '저염식'을 강조하니까 사람들이 갈수록 짠맛을 기피하여 우리 몸 안에 있는 오장육부의 균형이 깨지고 세포가 설탕(당분)에 절어서 만성 염증이 증폭하고 있는 시류현상이 나타나고 있는데도 그 심각성을 모른다.

쉽게 얘기하면 우리 몸의 피가 썩어서 다 죽게 생겼는데도 원인이 무엇인지 알려고도 하지 않는 것이다.

사스, 메르스, 에볼라, 코로나19, 델타, 오미크론 같은 감염병(전염병)바이러스에 저항할 수 있는 면역세포가 형편없이 쇠약해져 있다.

결론부터 얘기하면 우리 몸속의 세포에 염분 부족이 심각한 상황까지 온 것이다.

오늘날 우리나라 사람들의 의식구조에는 삶의 모든 분야에서 알게 모르게 서구에서 들어온 생활양식을 더 높게 평가하는 경우가 허다하다.

서구식 생활방식, 서구식 음식, 서구식 사고가 삶의 각 분야에서 표준으로 자리 잡고 있는 부분이 많다.

이런 현상은 투박하게 표현하면 우리가 서양식 삶의 노예가 되어 있다고 해도 과언이 아닐 것이다.

우리가 서구의 좋은 점을 받아들이는 생활태도는 언제라도 환영받아 마땅하다.
하지만, 우리의 좋은 점을 지키지 못하고 잃어버리는 생활자세는 올바른 생활태도라고 할 수 없다.

서구식 삶의 추종은 젊은 남성들보다 젊은 여성들에게서 더 많이 표출되고 있는데 나중에 심각한 문제로 대두될 조짐이 보인다.

왜냐하면 젊은 여성들은 결국 엄마가 되기 때문이다.

엄마의 생각, 엄마의 사고방식은 아이들에게 크게 영향력을 끼친다.

한때 우리나라가 서양보다 뒤떨어지고 가난과 궁핍에 허덕였을 때는 어쩔 수 없었다고 치더라도 오늘날 우리나라의 국제적 위상은 서양보다 오히려 앞서고 있는 부분이 많아 세계 일류의 위치에 올라서 있다.

대한민국 국민에게 필요한 것은 과거의 열등감과 자학감에서 훨훨 벗어나 스스로 자존감과 자신감을 강화시켜 빛나는 미래를 열어나가려는 도전적 자세와 진취적 기세이다.

한때 고통을 당했던 과거는 역사적 거울로 삼아 성찰하는 자세로 극복해야 한다.
침략당하고 지배당했던 근대사에 매몰되어서는 빛나는 미래를 개척할 수 없다.

이제는 우리 자신의 유구한 전통을 되돌아보고 우리 조상들이 후손들에게 남겨놓은 심오한 역사, 고귀한 사상, 위대한 철학을 잘 받들어 아름다운 생활양식과 미풍양속을 잘 이해하고 익혀서 미래의 시대적 변화에 맞게 더욱더 다듬어 계승·발전시켜나가야 한다.

그 대표적인 분야가 바로 사람의 생명을 보호하는 의학 분야이고 바이오공학, 생명공학이다.

우리 전통의학은 자연의 원리로 우리 몸의 전체를 돌보는 천지기운 의학이고 자연의학이다.

아플 때 아픈 부분만 돌보는 대중요법의 의학과는 근본원리에서 차이점을 가진다.

자연의 원리를 통하여 정·기·신의 조화를 살피고, 맥·락, 음·양, 허·실, 한·열의 균형을 살펴서 환자로 하여금 건강한 본성을 되찾고 이치와 사리를 분별할 줄 알게 안내한다.

자연원리의학의 구체적 내용은 다음과 같다.
첫째, 사람이 병들게 되는 근본원인은 무엇인가?
둘째, 그 원인은 어디에 있으며, 그 원인을 어떻게 해소해야 하는가?
이 두 가지로 귀결된다.

사람이 앓는 대부분의 질병은 오장육부에 찾아온다.

사람은 위장이 병들면 잘 의심하고, 공상과 망상을 하게 되고, 자폐증이 올 수 있다.

사람은 간이 병들면 욕을 잘 하고, 큰 소리를 잘 지르고, 심지어는 누구를 죽이고 싶어지는 경우도 생긴다.

사람이 하는 모든 생각, 말, 행동은 그 사람의 내면에서 밖으로 표출

되는 것이다.

사람은 자연원리를 내 삶 속에서 실천하면 자기 자신을 유연하게 다스릴 수 있다.

내가 나의 마음(생각, 의식, 정신, 영혼)을 잘 다스릴 수 있으면 그것은 바로 건강한 삶으로 연결된다.

오늘날 우리가 상식적으로 판단할 수 있는 현대의학의 수준을 살펴보면 대강 다음과 같이 말할 수 있다.

현대의학은 고혈압을 고칠 수 없고, 고지혈을 고칠 수 없고, 고혈당을 고칠 수 없고, 근본적으로 아토피를 고칠 수 없고, 천식을 고칠 수 없고, 비염을 고칠 수 없다는 한계가 있다.

이런 병에 걸리면 약물을 복용하여 현상을 관리하는 수준의 치료만 할 수 있는 것이다.

이외에도 희귀병이라든지, 불치병이라는 명칭을 가져다 붙이면서 전혀 손을 못 쓰는 병들이 너무 많다.

의학이란 무엇이냐?

병을 고치는 학문이다.

의학이 정리한 병명이 약 3만 6천여 가지 정도 된다고 한다.
병의 종류가 이렇게 많아도 정작 병의 원인이 무엇이냐에 대해서는 아직 정의를 내리지 못하고 있다.

병의 실체를 모르기 때문이다.

의학이 병의 실체를 모르니까 난치병, 희귀병, 불치병은 시간이 흐를수록 점점 더 늘어나고 있는 것이다.

건강은 무엇이냐?

병이 없는 상태를 우리는 건강이라 표현한다.

그럼 안 아프면 건강한 것인가?

혈압수치, 혈당수치, 간수치, 전립선수치, 각종 혈액수치 등이 정상이면 건강한 것인가?

이런 질문에 대하여 우리는 정확한 대답을 찾을 수 있는가?

현대의학은 아직까지 분명한 대답을 내놓지 못하고 있다.

현대의학의 치료방법에는 '약물' 치료와 '물리' 치료 그리고 '시술' 처치와 '수술' 처치가 있다.

약만 갖고 보면 모든 약은 부작용을 동반한다.

하지만 부작용을 감수하고라도 치료 효과를 볼 수 있으면 우리는 약을 복용한다.

오늘날 제약회사에서 나온 약들은 100년 이상 판매된 약이 하나도 없다고 한다.

그 좋았던 페니실린 약도 미국의 일부 의학계에서 10여 년 전에 사용 금지를 권했다.

왜냐?

효과보다 부작용이 심각하다고 판단했기 때문이다.

우리는 약을 복용하기 위해 살고 있다고 해도 과언이 아닐 정도로 현대인들은 누구나 약을 복용하고 있다.

우리가 오늘날 복용하고 있는 약 중에 부작용이 없는 약은 하나도 없다는 것을 잘 인식해야 한다.

병원 의사의 처방전을 받고 약국의 약사로부터 약을 구입하면 모든 약에는 '사용상의 주의사항'이 반드시 문서로 첨부되어 있다.

'약을 사용하기 전에 첨부된 문서를 주의 깊게 읽으시기 바랍니다'라는 문구로 시작하는 설명서는 먼저 약을 복용하기 전에 반드시 읽어보고 투약해야 한다고 경고하고 있다.
약을 먹었을 경우 이러이러한 이상반응이나 부작용이 일어날 수 있음을 미리 알려주는 설명서이다.

설명서를 자세하게 확인하고 약을 복용하는 환자라면 자신이 복용하는 약의 부작용이 얼마나 복잡하고 심각한지 알 수 있을 것이다.

우리가 약을 복용하는 것에는 그 부작용이 큰지 작은지의 문제만 남아 있을 뿐이다.
부작용 없이 먹을 수 있는 감기약 하나 없는 것이 현대약학과 현대의약의 현실이기 때문이다.

시술이나 수술은 어떠하냐?

간략하게 말해서 시술이나 수술은 막힌 혈관을 뚫어주거나 썩은 세포를 잘라내는 처치이다.

그것이 폴립이든지, 종양이든지, 암 덩어리든지 썩어서 고름 덩어리로 변한 것을 잘라내는 것이다.

장기를 잘라내고 이어주는 수술도 있고, 장기를 이식하는 수술도 있다.

인공관절을 넣거나 뼈에다 철심 등을 부착시키는 수술도 있다.

응급의학은 긴급처치를 위해 임시처방을 하는 의학이다.

이 모든 것은 현대의학의 대단한 성과이다.

하지만 문제는 이런 것은 대증처치와 대응처방을 위한 의술에 불과하다는 데에 있다.

본질적으로 병의 원인을 제거하여 병든 세포를 건강한 세포로 원상복귀시키는 의학이 아니라는 점을 부정할 수 없다.

원시시대 우리 조상들은 모든 것이 소박했고 옷을 입을 필요도 없었다.

원시사회에는 나체라는 개념이 없었다.

인류의 몸에는 원래 긴 털이 자랐는데 다른 동물의 털과 별로 다를 게 없었다.

나중에 인류에게 '부끄러움'이라는 의식이 생겨나면서 나뭇잎을 엮어 아랫도리를 가리다가 짐승 가죽으로 가리게 되고, 이것이 차츰 발전하여 옷을 입게 된 것이다.

먹는 것도 마찬가지다.

육류의 경우에는 짐승의 털도 뽑지 않고 피도 씻지 않고 그냥 먹었다.

맹장은 동물의 털을 소화하기 위해 인간에게 필요한 장기였다.

나중에 불을 발견하고 익혀 먹는 방법을 알게 되면서 맹장은 점차 퇴화했다.

시간이 지날수록 짧아지다가 필요 없는 장기로 인식되어 수술로 잘라 버리는 지경에 이른 것이다.

사람은 무엇으로 되어 있느냐?

사람은 일단 몸으로 되어 있다.

몸은 물질이다.

우리 조상들은 이길 신(身)이라고도 하고 정(精)이리고 표현하기도 했다.

앞에서 살펴 본 서양의학의 기초는 해부학이다.

해부학은 시체를 놓고 시체를 통해 공부하는 의학이다.

냉동한 시체를 나무토막처럼 자르고 째고 헤집고 하면 살과 뼈의 구조는 자세하게 알 수 있지만, 거기에 있는 눈에 보이지 않는 생명력에 대해서는 알 수 없다.

해부학은 숨 쉬며 살아 있는 사람의 생기 있는 몸을 통해 공부하지 못한다는 한계가 있다. 때문에 우리는 살아 있는 사람 몸의 생명력을 원상 복귀시키거나 원래 상태로 건강한 세포를 회생시키도록 연구하는 미래 의학의 획기적 발전을 기대해야 한다.

생명력을 다른 말로 하면 기운(氣運)이다.

기운은 몸으로도 가고 있지만 마음(생각, 의식, 정신, 영혼)으로도 가고 있는 것이다.

이제 마음의 건강에 대해서 알아보기로 하자.

11.
정신세계에도 허·실이 있고 음·양이 있다

체력, 근력, 정신력이라고 해서 기운이 발현된 것을 우리는 생기(生氣)라고 부른다.

힘이라고 부르기도 한다.

이 힘은 세포 하나하나에 다 작용한다.

눈에 있는 힘은 시력이 되고 귀에 있는 힘은 청력이 된다.

혀를 형성하는 세포에는 맛을 보는 힘이 있는데, 그 힘이 떨어지면 맛있는 음식을 먹어도 맛을 모른다.

힘의 허·실 관계는 몸의 허·실 관계뿐만 아니라 정신의 허·실 관계에도 존재한다.

같은 사물이나 같은 현상에 대해서 어떤 사람은 긍정적으로 보고 어떤 사람은 부정적으로 본다.

같은 미래에 대해서도 어떤 사람은 비전, 희망을 갖게 되는데 어떤 사람은 비관, 절망을 갖게 된다.

정신세계에도 허·실이 있고, 음·양이 있는 것이다.

물질인 '몸'이 아니고 에너지인 '기(힘)'도 아닌 '마음'의 세계가 정신세계이다.

우리 조상들은 이것을 신(神)의 세계로 불렀다.

정신세계는 심령세계, 영혼세계로도 불린다.

보이고 만져지는 걸 '음'이라고 한다면 이 신(神)의 영역을 '양'이라고 부른다.

사람이란 생명이 들어 있느냐 없느냐에 따라서 판이하게 다르다.

이런 생명력은 어디에서 오느냐?

사람 안에서 발현되는 모든 힘은 어디에서 오느냐?

하늘에서 오고 땅에서 온다.

생명력의 질료는 천지에서 오는 것이다.

결국 사람은 하늘을 먹고 땅을 먹고 사는 존재다.

하늘로부터 들어오는 것이 공기다.
공기 속에는 오만 가지가 다 들어 있다.

흔히 산소만 들이켜면 산다고 하지만 천만의 말씀이다.
산소는 공기의 구성 성분 중 일부일 뿐이다.
산소는 약 20% 정도밖에 안 된다.

산소는 생명유지에 대단히 중요한 필수요소이긴 하지만, 산소 외에 다른 성분이 섞인 공기가 끊임없이 우리 몸을 들락날락거리면서 대사작용이 일어나야 사람이 살 수 있다.

공기는 우리 몸속에서 어마어마한 일들을 한다.

그러면 공기 혼자서 하느냐?
그렇지 않다.

우리 몸은 세포로 이루어져 있는데 뼈 세포냐, 피 세포냐, 살 세포냐, 근육 세포냐에 상관없이 모두 물질로 되어 있다.

그렇다면 이 물질의 원료, 질료는 어디에서 오느냐?

땅에서 온다.
그게 지기(地氣)이다.

공기는 텅 비어 있는 것 같지만 꽉 차 있는 어떤 것이고, 지기는 꽉 차 있는 것 같지만 텅 비어 있는 어떤 것이다.

그게 무엇이냐?
지기가 우리 몸에 들어올 때는 우선 물기로 들어온다.

인간의 몸은 성인 평균 70% 정도가 물이다.
그 다음에 농산물인 곡식, 채소, 과일 등과 축산물, 임산물, 수산물인데 이게 바로 음식이다.
이런 것들은 결국 하늘의 공기와 땅의 지기를 미리 빨아먹은 것들이다.

정신세계인 신(神)의 영역에는 지식, 정보, 데이터라는 것이 있다.
지식, 정보, 데이터는 한순간에 없어지기도 한다.
치매에 걸리거나 기억상실증에 걸리면 한순간에 날아가버린다.

그건 물질로 존재하지 않기 때문이다.

그건 기력(氣力)이라는 힘이 작용할 때만 존재한다.

뇌세포에서 그 힘이 사라지는 순간 같이 사라져버린다.

신(神)의 영역에는 지식, 정보, 데이터가 들어 있고, 그 사람의 인생관, 가치관, 역사관, 세계관, 사상, 이념 등도 들어있다.

내가 자유주의 사상을 갖고 있느냐?
내가 전체주의 사상을 갖고 있느냐?

내가 자본주의 사상을 갖고 있느냐?
내가 공산주의 사상을 갖고 있느냐?

내가 민주주의 사상을 갖고 있느냐?
내가 사회주의 사상을 갖고 있느냐?

내가 기독교를 신앙하느냐?
내가 불교를 신앙하느냐?

내가 힌두교를 신앙하느냐?
내가 이슬람교를 신앙하느냐?

이런 것들은 다 내 생각의 영역이다.

사상, 이념, 주의, 종교, 신앙은 다 생각의 영역이다.

생각의 영역은 다 신의 영역이고 이를 우리는 정신세계라고 부른다.

이런 정신세계에서도 힘이 약하면 위험하다.

정신세계의 힘이 약하면 통찰력, 분별력, 판단력이 약해져서 일을 그르치는 경우가 많다.

특히 진로를 선택할 때, 전공을 선택할 때, 직업을 선택할 때, 주택을 선택할 때, 배우자를 선택할 때, 정치지도자를 선택할 때, 국가의 정체성을 선택할 때 등 인간의 판단력이 필요할 때는 온전한 기력이 있어야 한다.

문제는 정신세계는 사진을 찍어도 안 나온다는 것이다.
다만 사진으로 볼 수 있는 것은 뇌세포가 살아 있는 세포인가 죽어 있는 세포인가 정도의 판단만 할 수 있다는 것이 의학계의 현실이다.

신(神)은 정(精) 속에 담겨서 존재한다.

그래서 우리가 '정신(精神)'이라고 말할 때는 몸속에 담겨 있는 신(神)을 말하는 것이다.

신은 정이라는 그릇에 존재하는 것이다.

그럼 몸이라는 것은 무엇이냐?

몸은 누가 만들어주었느냐?

몸은 다 엄마 배 속에서 만들어진 것이다.

나는 내 엄마 아기집에서 열 달 동안 만들어진 것이다.

부처님은 부처 엄마가 만들었고, 예수님은 예수 엄마가 만들었고, 공자님은 공자 엄마가 만들었다.

이건 누구도 부정할 수 없는 사실이다.

그런데 우리 몸이라는 정(精) 속에는 우리의 조상이 가졌던 생명에 관한 모든 정보가 부모의 DNA, RNA와 함께 상속된다.

그래서 사람에게는 정, 기, 신이 다 들어 있다고 하는 것이다.

따라서 정, 기, 신의 조화와 균형이 깨지면 사람은 건강을 잃을 수 있는 것이다.

12.
만물은 음양이 조화를 이루어야 한다

내가 원하든 원하지 않든 지구는 스스로 자전하여 음·양을 만든다.

지구의 반쪽은 음이 되고 반쪽은 양이 된다.

캄캄한 쪽은 음기를 받고 환한 쪽은 양기를 받는다.

음·양의 원리를 자연과학이라고 말하는 이유이다.

음·양의 작용은 다른 이유가 없다.

그것은 지구의 자전에 의해 자연적으로 만들어지는 것이다.

음·양은 어떤 학문적 논리에 의해 나온 것이 아니다.

오로지 지구의 자전에 따라 음기와 양기가 발생한다.

지구는 또 태양을 중심으로 공전을 하는데 지구의 공전으로 인해 자연적으로 오행이 만들어진다.

음양오행을 자연과학의 기본법칙이라고 말하는 이유이다.

만물은 자기 몸에 있는 음·양이 조화를 이루어야 한다.

'만물의 생명은 음을 업고 양을 안으며 온화한 기운으로써 조화를 삼는다(萬物負陰而抱陽 沖氣以爲和) - 『道德經』.'

업는다는 것은 등에 짊어지는 것을 말하고, 안는다는 것은 품속에 끌어안는 것을 말한다.

하나의 사물은 모두 음과 양 두 가지 힘으로 나뉜다.

세포도 그렇고, 동물도 그렇고, 식물도 그렇고, 광물도 그렇고, 사람도 그렇다.

도는 하나를 낳고, 그것은 다시 음과 양 두 가지 힘의 작용으로 나뉜다.

하나는 둘을 낳지만 그 밖에 하나의 사물이 더 있다.

음과 양 두 가지 힘만 있는 것이 아니다.

그 중간에 있는 하나의 힘이 둘을 조화시키지 않으면 안 되는데 이러한 조화의 힘을 '온화한 기운(沖氣)'이라 한다.

이 온화한 기운인 충기(沖氣)가 음과 양을 조화시키는 작용을 한다.

이런 작용이 바로 생명기능이다.

(道生一, 一生二, 二生三, 三生萬物, 萬物負陰而抱陽, 沖氣以爲和 - 『道德經』)

13.
삶이란 천지에 의탁하는 것이고
죽음이란 돌아가는 것이다

남녀의 몸에는 음과 양이 모두 존재하며 모든 사람의 생명은 '음을 업고, 양을 안고' 있다.

만물은 스스로의 몸에 음과 양을 모두 지니고 있기 때문에 밖에서 구할 필요가 없다.

'온화한 기운으로써 조화를 삼을(沖氣以爲和)' 수만 있다면 자신의 생명을 자기 손안에 장악할 수 있는 것이다.

사람의 생사문제는 기독교, 불교, 힌두교, 이슬람교를 포함한 여타 종교에서도 중대한 문제로 간주된다.

하지만 우리나라 전통문화에서는 상고시대 수천 년 이전부터 생사의 문제는 큰 문제로 여기지 않았다.

'삶이란 천지에 의탁하는 것이고 죽음이란 돌아가는 것이다'라고 생각해온 것이다.

우주의 물리와 자연의 변화를 잘 관찰하면 낮과 밤의 이치를 깨닫게 되고 그러면 생사의 이치를 알 수 있다.

우리 조상들은 '혼과 백을 하나로 안아서 싣고 가는데 떨어짐이 없을 수 있겠는가'라고 생각했다.

참으로 안타까운 것은 생명을 자기가 주관할 수 있다는 사실을 사람들이 모르고 있다는 점이다.

나의 움직임으로 인해 나의 인생은 죽음이라는 방향으로 조정될 수도 있고 삶이라는 방향을 향해 조정될 수도 있다.

사람들은 언제나 자신의 지식과 총명을 믿고 함부로 움직이기 때문에 도리어 자신의 생명을 죽음으로 몰고 가는 경우가 생긴다.

만약 내가 사는 땅이 생지(生地)로 움직여서 생명활동이 삶에 유익할 것 같으면 나의 삶의 기회는 늘어나게 되는 것이나.

천지우주가 사람의 생명도 주고 만물의 생명을 주지만 그 삶의 힘은 죽음의 힘보다 크다.

삶과 죽음의 두 끝이 각자의 힘으로 각각 십 분의 삼을 차지하고 다른 십 분의 삼은 쉬지 않고 움직이고 있다.

이 움직임의 방향이 삶의 방향으로 움직일지, 죽음의 방향으로 움직일지는 각자에게 달려 있다.

그 사이에 남은 십 분의 일이 가장 중요한데 이 십 분의 일은 각자가 스스로 주인이 되어 결정할 수 있는 것이다.

우리의 일상생활에 생명을 보호하는 단어로 위생(衛生), 양생(養生), 섭생(攝生)이라는 세 단어가 있다.

위생은 내 쪽에서 그저 방어만 하는 소극적인 의미가 있는 반면, 양생은 내가 스스로 나서서 방어력을 길러내는 적극적인 의미를 지니고 있고, 섭생은 '섭(攝)'자의 의미대로 내가 스스로 꽉 쥐고 있다는 뜻이 있어서 위생이나 양생을 뛰어넘는 능동성이 부여된 것이다.

따라서 섭생을 한다는 것은 자기 자신이 주인이 되어 결정한다는 의미를 가지고 있는 것이다.

  얘기를 잠깐 바꾸어보자.

  백두산을 중심으로 컴퍼스를 대고 한 바퀴 빙 돌려 그리면, 베이징(북경)을 포함한 산둥반도 지방, 요동반도를 포함한 만주 전역(중국의 동북 3성 지방)과 연해주(두만강에 인접한 러시아 극동지역)지방 및 한반도가 모두 원형 안에 들어온다.

  이 넓은 지역이 바로 우리 조상들이 일궈낸 고조선의 강역이다.

  우리 조상들은 이 강역의 하늘을 쳐다보며 살았다.

  이 지역은 지구별에서 사람이 살기 좋은 춘하추동의 4철 지역이라고 우리는 알고 있다.

  그러나 이 지역의 계절을 조금 더 정확하고 세밀하게 나누어보면 5계절이 된다.

  즉 춘(봄), 하(여름), 장하(늦여름), 추(가을), 동(겨울)이다.

  봄은 목(木)기에 속하고,

  여름은 회(火)기에 속하고,

  늦여름은 토(土)기에 속하고,

가을은 금(金)기에 속하고,
겨울은 수(水)기에 속한다.

화기(여름)와 토기(늦여름) 사이에는 장마철이라는 변곡점(환절기)이 반드시 있다.

화기와 토기를 가르는 환절기엔 장마철이 뚜렷이 존재한다.
남태평양 쪽에서 발생한 태풍이 북상하는 계절도 늦여름의 변곡점에 존재한다.

가을이 지나고 입동이 올 때도 환절기인데 이런 변환기에는 우리 몸에 여러 가지 문제가 많이 생길 수 있다.

환절기 때 잘 넘어가는 것은 '삼초'의 조화력에 달려 있다.

오행의 상생 순서는 '목생 화', '화생 토', '토생 금', '금생 수', '수생 목'이다.

봄은 여름을 낳고, 여름은 늦여름을 낳고, 늦여름은 가을을 낳고, 가을은 겨울을 낳고, 겨울은 봄을 낳는다.

이 각 계절의 기운이 각각 다르다.

이런 기운을 시기별로 따져서 분석하여 설명해주는 학문이 앞에서 설명한 '사주 명리학'이다.

하늘의 순환작용인 갑·을·병·정·무·기·경·신·임·계(甲·乙·丙·丁·戊·己·庚·辛·壬·癸)와 땅의 순환작용인 자·축·인·묘·진·사·오·미·신·유·술·해(子·丑·寅·卯·辰·巳·午·未·申·酉·戌·亥)를 가지고 생년, 생월, 생일, 생시를 보는 것이다.

하지만, 이것보다 더 정확한 것이 계절을 직접 보는 것이다.

계절의 변곡점(환절기)을 슬기롭게 잘 타고 넘어가는 적응력을 배양하는 일이 중요하다.

평소에 '삼초'의 생명력을 잘 길러두어야 한다.

삼초의 생명력과 조화력을 양성하는 데는 벌집에 벌의 타액으로 성벽처럼 쌓아둔 물체인 '프로폴리스'를 복용하면 좋은 효과를 볼 수 있다.

자연(自然)은 '스스로 그러함'이므로 자기 일은 틀림없이 다스려나간다.

사람들이 기후의 변화를 이상기후다 뭐다 얘기하지만 자연의 천기는

6천 년, 1만 2천 년 전에도 했던 일을 지금도 변함없이 그대로 하고 있는 것이다.

지구의 자전축은 태양과 달의 인력에 의해 세차운동(歲差運動)을 하고 있다.

지구의 자전축은 지구 공전궤도면에 대해 기울어져 있고, 극반지름에 비해 적도반지름이 조금 더 큰 회전타원체 모양을 하고 있으므로, 하지나 동지에 작용하는 태양의 중력 차이가 지구를 공전궤도면에 대해 수직으로 세우려는 힘으로 작용하고, 이때 작용하는 힘은 지구의 춘분점 방향과 평행하고 있다.

따라서 지구의 회전축은 춘분점 방향으로 기울게 되고, 그만큼 또 이동하므로 이 작용의 반복으로 지구의 자전축은 회전하는 것이다.

이러한 것을 세차운동(歲差運動, precessional motion)이라 하는데 주기는 약 2만 6천 년이다.

사람이 지구의 활동을 관찰할 때는 큰 주기를 살펴볼 필요가 있다.

빙기, 간빙기, 빙하기, 해빙기가 반복되는 지구역사와 지구 자전축의 주기적 변화인 세차운동, 자전축의 기울어짐, 이심율(지구 공전궤도 변화), 그리고 태양에너지의 주기적 변화 등 수많은 이론들이 학자들 간에서 관련 용어가 통일되지 않고 다양하게 사용되고 있는 것이다.

그런 것들을 일러 우리 조상들은 한마디로 도(道)라 했다.

도(道)라는 글자를 파자해보면 수(首)와 착(辶)으로 되어 있다.

수는 머리, 으뜸, 꼭대기, 정상을 뜻한다.

착은 '뛸 착', '거듭 움직일 착'이다.

그러니까 도(道)는 자연에서 가장 '으뜸 되는 것이(首) 거듭 움직인(辶) 것'을 말한다.

도(道)란 인간의 마음, 생각, 의식, 정신, 영혼과는 무관하게 한 치의 오차도 없이 천지, 자연, 만물을 움직여나간다.

도의 작용에 의해서 소우주인 곡식 알갱이 씨앗 종자 하나가

봄의 목기를 받아 싹을 틔우고,

여름의 화기를 받아 꽃을 피우고,

늦여름의 토기를 받아 열매를 자라게 하고,

가을의 금기를 받아 결실을 맺게 하고,

겨울의 수기를 받아 수납하여 저장한다.

이렇게 한 치의 오차도 없이 거듭해서 제 할 일을 바로 하는 것이 도(道)이다.

도를 닦는다고 면벽하여 가부좌하고 앉아 있는 것이 도가 아니다.

'스스로 그러함'으로 한 치의 오차도 없이 '도를 본받는 것'이 도를 닦는 것이다.

환절기에는 떫은 맛, 아린 맛을 더 자주 먹어주어야 한다.

마지막으로 한 번 더 질문한다.

자연(自然)이란 무엇이냐?

스스로 '자(自)'에 그러할 '연(然)'이다.

'스스로 그러함'이다.

인간의 입장을 떠나 자연의 입장에서 자연을 보면, 자연은 인간이 태어나기 훨씬 전부터 '스스로 그러함'으로 순환하고 있었다.

계절이 바뀌는 것은 자연현상이다.

비가 오는 것은 자연현상이다.

눈이 오는 것도 자연현상이다.

봄이 오는 것은 자연현상이다.

겨울이 오는 것도 자연현상이다.

폭풍이 부는 것도, 지진이 일어나는 것도, 해일이 일어나는 것도, 화산이 폭발하는 것도 자연현상이다.

겨울에는 저절로 춥다.

여름에는 저절로 덥다.

그게 자연의 원리다.

예를 들어 어떤 사람이 40년 정도 살았는데 지금 몸이 뚱뚱해져서 비만이라고 하자.

20세까지는 보기 좋게 날씬했는데 40세인 지금 비만해져 있다면 지난 20년 동안 많이 먹고 적게 움직인 것이다.

자기가 사용한 에너지보다 더 많이 섭취해서 다 쓰지 못한 잉여 에너지가 몸에 축적되어 쌓여 있다는 얘기다.

잉여 에너지의 축적이 계속 되풀이되다 보니 살이 찌게 된 것이다.

그가 살이 찌고 싶어서 그렇게 된 게 아니고 저절로 살이 찐 거다.

많이 먹고 적게 움직여서 살이 찐 거니까, 살을 빼려면 적게 먹고 많이 움직이면 살이 빠지게 된다.

1~2년을 그렇게 하면 저절로 살이 빠진다.

운동을 하지 않아 저절로 살이 찐 거니까 반대로 운동을 하면 저절로 살이 빠지게 된다.

이것이 자연의 원리다.

우리는 자연의 원리를 이해하기 위해 간단한 음양오행을 공부하는 것이다.

자연과학의 기초원리는 음양오행으로 설명이 가능하다.

예를 들면, 하루를 음양으로 나눠보면 밤은 음이고 낮은 양이다.

하루를 살아가는 데 있어서, 아침 해가 솟아오를 때 하루를 계획하고 설계하는 그 시간대가 굉장히 중요하다.

해질 무렵 하루를 갈무리하는 시간대도 굉장히 중요하다.

밤에는 밤에 맞게 살고, 낮에는 낮에 맞게 사는 게 중요하다.

일 년을 음양으로 나눠보면 겨울은 음이고 여름은 양이다.

여기에서 자연스럽게 한·열이 나온다.

춥고 더운 게 다 나온다.

차가운 건 음이고 뜨거운 것은 양이다.

사람은 너무 차도 병에 걸리고, 너무 뜨거워도 병에 걸린다.

인간의 생명을 유지하려면 생명의 온도인 '온기'를 유지해야 한다.

어떤 사람은 차가움이 지나쳐서 냉기를 갖고 있는데 이런 사람은 냉기를 몸 밖으로 내보내야 한다.

어떤 사람은 온기가 지나쳐서 열기를 갖고 있는데 몸이 뜨거우니까 펄펄 날뛰고 잠시도 가만히 앉아 있지 못하게 된다.

열기가 넘쳐나니까 화기가 '화극 금'을 해서 피부를 뚫고 나와 피부병이 생기기도 한다.

아토피가 그 예다.

'화극 금'을 하면 폐가 약화되기 때문이다.

약화된 폐를 강하게 만들면 아토피가 아물게 된다.

우주를 보면 땅은 음이고, 하늘은 양이다.

밤을 비추는 달은 음이고, 낮을 비추는 해는 양이다.

한 사람에게 있어서 정(精)은 음이고 몸(육체)이며, 신(神)은 양이고 마음(생각, 의식, 정신, 영혼)이다.

기(氣)는 음과 양을 연결하여 살아 움직이게 하는 생명에너지이다.

사람의 몸을 음·양으로 나눠보면 하체를 음이라 하면 상체는 양이 되고, 몸의 앞뒤를 나눠 보면 앞은 음이고 뒤는 양이다.

몸속의 장부를 보면 5장은 음이고 6부는 양이 된다.

혈액과 혈류의 상태는 매우 중요하다.

현대의료기술에서 모든 병의 진찰에 기본적으로 행하는 혈액검사와 혈류분석이 나오기 한참 전, 아주 옛날부터 우리 조상들은 혈액과 혈류의 상태를 헤아려보려고 진맥을 해서 병을 판별했다.

간, 담이 약해져 있으면 신맛을 먹도록 했다.
딸기, 사과, 포도, 식초 이런 것이 신맛이다.

간, 담이 약해져 있을 때 구하기 어려운 산삼이나 이름도 모르는 약초 같은 걸 비싼 돈 들여 구해 먹는 사람도 있는데, 정작 귀한 것은 우리 주위에서 손쉽게 구할 수 있는 신맛 나는 과일들이다.

옛날 우리 조상들은 음식을 갖고 병을 치유했다.

심, 소장이 허약한 사람은 쓴맛이 나는 음식을 먹어야 한다.
먹기 어려워도 먹어야 한다.

'몸에 좋은 약은 쓰다'는 말이 나온 이유이다.

비, 위장이 약하면 단맛을 더 먹어야 한다.

폐, 대장이 약하면 매운맛을 더 먹어야 한다.

신, 방광이 허약하면 짠맛을 더 먹어야 한다.

삼초가 허약하면 떫은맛을 더 먹어야 한다.

생명현상은 혈류에 먼저 나타난다.

그래서 우리 조상들은 진맥으로 혈류의 상태를 먼저 관찰했던 것이다.

현대의학에서 혈액검사를 먼저 하고, 오늘날 모든 진찰에서 빠트리지 않고 혈액검사를 하는 이유가 여기에 있는 것이다.

우리 조상들의 건강비법을 정리하면 결론적으로 아래와 같다.

○ 숨을 잘 쉬어야 한다. 즉 올바른 호흡이다(심호흡, 긴 한 숨의 단전호흡법).
○ 섭생을 잘 해야 한다. 즉 균형 잡힌 식단이다(오곡, 오미, 오색의 음식재료를 골고
  루 먹는 법).
○ 운동을 잘 해야 한다. 즉 몸과 마음을 조화롭게 움직여주는 운동을 꾸준히 해야
  한다.
○ 체온을 잘 유지해야 한다. 즉 온기유지를 위해 한·열 적응에 슬기롭게 대처해야 한다.

생명은 숨을 통해 하늘의 기운을 끌어들여 모든 세포에 천기를 공급한다.

세포 입장에서 보면 천기를 흡수하는 거다.

날숨을 쉴 때 배설하고, 들숨을 쉴 때 흡수해야 묵은 기운을 내보내고 새 기운을 받아들일 수 있다.

먼저 들어온 게 안 나가면 탁기가 되고 탁기가 쌓이면 병이된다.

탁기를 모두 내보내기 위해서는 흉식호흡보다 복식호흡이 효과가 있고, 복식호흡보다는 단전호흡이 효과가 크다는 것은 많이 알려져 있다.

미국 생명공학연구소에 따르면 사람은 필요한 에너지의 약 70%를 호흡으로 얻는다고 한다.
그리고 우리 몸속 노폐물의 약 70%를 호흡으로 내보낸다고 한다.

음식, 영양소에 의한 에너지 공급은 3주간을 멈추어도 사람은 생명을 잃지 않고 살 수 있다.
하지만 호흡은 단 3분만 멈추어도 사람은 생명이 위험해질 수 있다.

아기들을 보면 호흡이 가쁘다.

멈출 사이가 없다.

아기들의 심장은 빨리 펌프질을 하기 때문에 신진대사의 속도가 빠르다.

세포의 분열속도도 빠르다.

반대로 성장이 다 끝난 어른들은 어떨까?

뼈를 더 키울 일도 없고 장부를 더 키울 일도 없는 사람에게 맥이 할딱할딱 빨리 뛰면 좋지 않다.

어른은 혈류가 빠르면 병이다.

세포 입장에서 보면 밖에서 뭔가 들어오면 그것을 사용한 뒤에 묵은 기운을 내보내는 일을 끊임없이 해야 한다.

생명을 영위하기 위해 대사작용, 순환작용, 소화작용, 배설작용 등 무수하게 많은 작용들이 우리 몸속에서 일어나고 있는 것이다.

내 몸 안의 오장육부는 서로 상생상극의 조화와 질서로 외부에서 끌어들인 에너지를 내가 필요한 에너지로 만들어낸다.

소화력이 필요하면 소화력을 만들고, 근력이 필요하면 근력을 만들고,

저항력이 필요하면 저항력을 만들고, 해독력이 필요하면 간에서 해독력을 만든다.

물질을 새로이 창조하고 힘을 만드는 일은 우리 몸 장부의 음기가 한다.

지금 이 책을 읽고 있는 사람은 시력을 사용하는 것이고, 음악을 듣고 있는 사람은 청력을 사용하는 것이고, 이 책의 내용이 합당한지를 따져보는 사람은 분별력을 사용하는 것이다.

그런데 사용하는 힘이 약한 사람은 졸음이 온다.

졸음이 오는 사람은 장부 중에서 신장이 허약한 사람이다.

내 몸이 필요한 만큼 염분(짠맛)을 먹지 못한 사람은 곧잘 하품을 하고 졸음이 오는 것이다.

모든 물질은 팽창하고 수축한다.

모이는 기운이 있고 흩어지는 기운이 있다.

태산도 만들어졌다가 흩어진다.

울창한 숲도 어느덧 사막으로 변한다.

단지 시간이 오래 걸릴 뿐이다.

수학에도 음양이 있다.

빼기(-)는 음이고 더하기(+)는 양이다.

더 빨리 작게 하는 나누기(÷)는 음이고, 더 빨리 크게 하는 곱하기(×)는 양이다.

돈을 저축해서 보태는 것은 음이고, 돈을 내보내서 쓰는 소비는 양이다.

집의 안은 음이고 집의 밖은 양이다.

집 안과 밖을 연결하는 것이 문인데 우리 몸에도 문이 있다.

콧구멍은 기운이 들어오고 나가는 문이다.

호흡은 콧구멍으로 해야 한다.

입구멍은 음식이 들어오는 문이고 똥구멍은 찌꺼기가 나가는 문이다.

들어오는 문과 나가는 문이 막히면 병이 된다.

이것은 장부의 허·실을 보는 것인데, 장부의 허·실이 조화롭지 못하면 문이 고장 나는 경우가 많다.

다시 한번 강조하지만 우주는 천지인(天地人)**으로 되어 있고, 사람은 정기신**(精氣神)**으로 되어 있다.**

물질은 음전자, 양전자, 중성자로 되어 있고, 역학관계는 구심력, 원심력, 작용으로 되어 있고, 대인관계는 너, 나, 우리로 되어 있다.

우리 몸 안에서 천, 지, 인과 정, 기, 신이 한 통이 되어 돌아가고 있다.

하늘로부터 전원이 끊어지면 사람은 수분 안에 죽는다.

땅으로부터 오는 지기가 끊어지면 사람은 허기져서 결국 죽는다.

근대에 서구의 지식이 들어오고부터 지난 수세기 동안 우리 사회는 혹

백논리에 가둬졌다.

　우리는 세상을 '예스' 혹은 '노'로만 따졌다.

　우리는 세상은 'O'와 'X'로만 따졌다.

　우리는 세상을 맞느냐 틀리느냐로만 따졌다.

　우리는 세상을 내 편이냐 네 편이냐로, 우리는 세상을 선이냐 악이냐
로, 우리는 세상을 천당이냐 지옥이냐로만 따졌다.

　그렇게 따지니까 해답이 없고 정답이 나오지 않는다.

　자연을 보면 우리는 잘 알 수 있다.

　자연은 그렇게 이분법으로 되어 있지도 않고, 자연은 서로 따지지도
않는다.

　우리가 살고 있는 이 세상은 '복잡계'이고 훨씬 다양하게 전개되어 있으
며 다양하게 변화되고 다양하게 진화되어나간다.

　흔히 우리는 질병을 '적'이라고 하는데 그런 관점은 없어져야 한다.

　암세포를 누가 만들었나?

내가 만들지 않았나?

'내가 설사를 한다', '변비로 고통스럽다'라고 한다면 내 몸속의 대장은 누가 만들었나?

내가 만든 것이다.

그걸 '적'이다'라고 규정하면 어불성설이다.

원인은 분명하고 간단하다.

단지 세포의 정상적인 힘이 약해졌을 뿐이다.

그러니 힘을 만들어줘야 한다.

약해졌다고 버리고, 죽이고, 잘라내는 것이 능사가 아니다.

약해진 것을 다시 튼튼하게 강하게 하는 방법이 무엇이냐 하는 쪽으로 관점을 바꿔줘야 한다.

약해진 것을 튼튼하게 하는 방법은 무엇인가?

우리가 기운 없을 때 하루 쉬고 나면 기운이 다시 생긴다.

병을 고치는 원리도 같다.

왜?

세포 입장에서 보면 단지 약해졌다는 것뿐이니까 약해진 세포를 더 이상 약해지지 않게 하고 다시 튼튼하게 해주면 되는 것이다.

만병의 근원은 오장육부의 음·양, 맥·락, 허·실, 한·열의 조화와 균형이 깨져서 생긴다.

암에 걸리면 먼저 내 몸의 세포를 약하게 만들고 정상세포에서 암세포로 돌변한 원인이 무엇인가에 대하여 생각해봐야 한다.

오장육부의 조화와 균형이 깨진 원인을 면밀히 살펴서 호흡, 섭생, 운동, 체온 조절 등을 어떻게 바로잡을 것인지 검토하고 합당한 방법을 실천에 옮겨야 한다.

우리 몸에 생긴 상처와 외상은 외과적 치료를 받아야 한다.

다쳤다면 빨리 응급처치를 받아야 한다.

교통사고, 재난사고를 당한 환자에게 음·양, 맥·락, 허·실, 한·열을 따질
겨를이 어디에도 없다.

외상을 크게 입었다하면 진맥과 침으로는 어림도 없다.

질병은 병(病)과 상(傷)을 구별할 줄 알아야 한다.

큰 상처가 났다든지, 화상을 입었다든지, 부상을 입었을 때 상처부위
를 지나가는 경락이 손상되었을 수 있다.

조금 다친 건 생명의 자연 복원력에 의해 다시 회복이 될 수 있지만 상
처가 크게 났다면 평생 그것 때문에 시달려야 하고 생명까지도 위험하게
된다.

14.
사람은 오래 살 수 있는가

『황제내경』, 『동의보감』 등 의서(醫書)에는 사람의 수명이 두 갑은 산다고 기록되어 있다.

두 갑이라면 한 갑이 60년이니까 120년 정도가 된다.

하늘의 순환인 천간(天干)과 땅의 순환인 지지(地支)가 상호 교차하여 한 바퀴 도는 데 60년이 걸린다.

갑자년에 태어난 사람이 다시 갑자년을 맞이하면 환갑(還甲)을 맞이한다고 해서 옛날에는 큰 잔치를 열었다.

사람은 '사지가 없기 때문에(以其無死地 - 老子)' 자기 생명의 생사를 주관할 수 있으며 자기 자신을 오래 존재하게 다스려나갈 수 있는 존재다.

아래와 같은 네 단계가 끊임없이 일어나서 우주 만물의 생명의 근본이 되어 있다는 이치를 사람은 깨달아야 한다.

① 도가 낳는다(道生之).

② 덕이 기른다(德畜之).

③ 물질이 형체를 만든다(物形之).

④ 기세가 이루어진다(勢成之).

-『道德經』

동양철학의 약방 격인 도가 사상에서는 생명의 근본을 '도'라고 부른다.

동양철학의 3가(三家)는 유가(儒家), 불가(佛家), 도가(道家)이다.

유가가 연 것은 식량가게이다.

불가가 연 것은 백화점이다.

도가가 연 것은 약방이다.

이 세 가지는 인류의 생존에 필요한 것으로서 어느 하나라도 타도해서는 안 되는 것이다.

서양철학에서는 형이상학적인 것을 본체라고 얘기하고, 종교가들은 창조자, 주재자, 하느님, 하나님, 여호와, 알라, 여래, 부처, 진여, 상제, 신 등 다양한 대명사로 부르고 있는 것이 바로 도(道)라고 얘기하는 본체다.

'도가 낳는다(道生之)'라고 했는데 도는 그 자체로 생명의 기능을 갖추고 있다는 뜻이다.

그리고 거기에는 반드시 덕이 있어야 한다.

도는 있으나 덕이 양육하지 않으면 행위가 일어나지 않기 때문이다.

이것을 수도하는 사람의 양상으로 비유해서 말하면, 정좌수도를 하는 경우에도 앉아서 도를 말하고, 앉아서 삼매에 드는 것으로는 이루어지는 것이 아무것도 없다.

실제 행위의 도덕(道德)이 없으면 수도(修道)는 성공할 수 없다.

도덕적 행위는 수도의 기초이기 때문이다.

진정한 선행이 존재하지 않고 진실한 도덕적 성취가 없다면 그런 도는 도라고 하지 않는다.

'도'가 낳고 '덕'이 기르는 것은 생명과 생존의 근본이기 때문이다.

도는 생명을 낳는 힘으로서 동력의 에너지원이라 할 수 있다.

이 에너지원을 잘 조절해서 사용하지 않으면 금방 바닥이 나고 만다.

이 에너지원을 적당하게 잘 사용하고자 하는 것이 바로 '덕이 기른다'
는 것이다.

우주 만유의 물질들은 '도'와 '덕'이 이루어놓은 형상이다.
그런 후에 물질이 형체를 만들고 기세가 이루어진다.

생명을 낳는 근본이 있은 후에 생명을 사용하는 작용이 있고, 만물의
형상이 태어나고, 만물이 형상을 이룬 후에 기세를 엮어간다.
기세는 한 생명이 필요로 하는 바를 완성시켜주는 것이다.

예를 들면 한 알의 씨앗을 흙에 심는 것은 '도가 낳는다'는 것이지만 반
드시 햇빛, 공기, 물로 잘 길러주어야만 하는 것이 필요한데 그것이 바로
'덕이 기른다'이다.

이 씨앗이 흙에서 싹을 틔우고 꽃이 피어 열매를 맺으면 과일을 먹을 수 있게 된다.

그것이 바로 '물질이 형체를 만든다'이다.

문제는 오늘 한 알의 씨앗을 심었다고 해서 내일 바로 과일을 얻을 수 없다는 것이다.

반드시 어떤 힘이 있어서 지속적으로 형성해나가야 하는데 그것이 '기세가 이루어진다'이다.

서서히 형성하고 서서히 성장시켜 나가기 때문에 '기세'는 극히 중요한 위치를 차지한다.

우주 만물이 생존하는 기세는 근본인 '도'에서 시작하여 '덕'을 배양한다.

이렇게 '도'와 '덕'이 행위로 실행되어야 성과가 나타나게 되는 것이다.

이런 성과의 구성 과정에서 가장 중요한 것은 시간과 공간의 힘이다.

'시간'과 '공간'의 힘이 바로 '기세'이다.

이 기세는 천길 높이의 산에서 돌멩이 하나를 굴릴 때 나오는 시간과 공간의 힘이다.

평지에서 걷어차서 굴러가는 돌멩이에서 나오는 힘과는 비교가 되지 않는다.

'기세가 이루어진다'라는 말은 생명의 힘이 기세를 형성한다는 말이다.

사람이 수련을 하든 수양을 하든 수행을 하든 기세를 장악해야 한다.

우리 몸의 기맥을 움직일 때도 그 기세를 장악하기만 하면 생명의 힘을 되돌릴 수 있다.

고명한 의사는 가끔 죽어가는 병자를 살려내는데, 진정으로 뛰어난 의사는 병자 자신이 지닌 최후의 미세한 기세를 이용해 생명의 힘을 회생시킴으로써 병자를 살려내는 것이다.

만물의 형상과 만물의 형성은 모두 기세와 관련이 있다.

따라서 기세를 장악하는 것은 매우 중요하다.

'도가 낳고, 덕이 기르고, 물질이 형체를 만들고, 기세가 이루어진다'는 이 네 단계는 물리세계가 형성되는 원칙이며 또한 섭생이 일어나는 이치이다.

여기에서 '도덕'이라는 단어에 대하여 간단히 살펴보자.

오늘날 도덕이라는 말은 그 개념이 흐려져서 사회에서 그냥 착하게 살고 미적지근한 태도를 취하는 것이 도덕이라고 잘못 이해하고 있는 사람이 많은데 그것은 도덕을 착각하는 것이다.

도덕은 선악시비와 진실허위에 대하여 정확하고 단호하게 태도를 취하는 것이다.

예를 들면 시골에 어느 노인이 법 없이도 살 수 있는 무골호인이라서 아무에게나 착하게 보인다고 해서 그가 도덕적이냐 하면 절대 그렇지 않다.

이런 사람은 선을 행하지도 못하고 그렇다고 감히 악도 저지르지 못해 근본적으로 도덕을 얘기할 수 있는 사람이 아니다.

어떠한 경우에도 진실만을 얘기해야 하는데 주위(周圍)와 정리(情理)에 단호하지 못해 거짓, 위선, 허위를 못 본 척할 수 있기 때문이다.

그리고 '도'를 '도덕'이라고 여기는 것도 아주 잘못된 인식이다.

위에서 설명한 것처럼 '도'와 '덕'은 각각 다른 개념을 가지고 있는 개별적인 단어였는데, 후대에 와서 합쳐저서 '도덕'이라는 단어가 생겼다.

'도'와 '덕'에 대한 진정한 뜻은 '도가 낳고, 덕이 기른다'이다.

'도'는 만물에게 생명을 주고 안전을 주어 끊임없이 생겨나게 하는 '근본'이다.

'덕'은 만물을 배양하고 중생을 양육하기를 변함없이 계속해나가는 '작용'이다.

때문에 도를 존중해야 하고 덕을 귀하게 여겨야 하는 것이다.

"도의 높음과 덕의 귀함은 대저 아무도 명하지 않았고 항상 저절로 그러하다"라고 노자는 말했다.

그것은 누가 강제로 시켜서 하는 일이 아니다.

그것은 자기 자신의 힘으로 지극히 선하여 항상 '저절로 그러함'이다.

'도'와 '덕'은 누가 명령하는 것이 아니라 '도'와 '덕' 자체가 그런 기능을 지니고 있는 것이다.

  사람이 절대 망각해서는 안 되고 반드시 알아두어야 할 자연의 원리
가 있다.

  그것은 사람은 본래부터 도덕적 존재로서 생명활동을 하고 있다는 사
실이다.

  사람이 삶을 영위하기 위해서는 도덕을 생명처럼 여겨야 하는 이유를
깨달아야 한다.

  도덕을 우리 몸에 체득할 때 사람은 마음의 건강을 유지할 수 있고,
몸의 건강을 유지할 수 있으며, 생명에너지인 기를 잘 보전할 수 있는
것이다.

제2장
우리 조상들이 즐겨온
소리(노래)의 세계

0.
서문

세계문화사를 살펴보면 우리 조상들만큼 음악을 즐겨온 민족은 매우 드물다.

우리 조상들은 소리를 실험적으로 직접 지르면서 과학적으로 연구하여 득음의 경지에 오르려고 노력한 사람들이 많다.

우리나라 사람들은 노래를 잘하고 춤을 잘 춘다.

방탄소년단(BTS)에게 세계인들이 열광하고 갈채를 보내는 데는 분명한 이유가 있다.

BTS의 음악세계는 끼와 흥과 멋이 조화를 이룬다.

소리와 춤과 율동이 어울려 모든 사람들에게 공감과 치유의 에너지를 보내준다.

더구나 음악의 리듬과 잘 어울리는 우리나라 한글 가사를 그대로 전달하는 폭발적 매력이 돋보인다.

우리나라 말은 말소리 자체에 풍부한 음악적 정경을 내재하고 있다.

인간의 구강구조에 가장 잘 어울리는 소리가 천지운행의 이치와 음율과 운율을 자연스럽게 나타내고 있는 것이다.

소리와 말은 다르다.

소리는 음(音)이다.

말은 언(言)이다.

소리는 파동을 얘기하는 것이다.

소리는 우주의 본질적 이치를 담고 있는 그 무엇이다.

1.
우주적 바탕을 끄집어내어서
펼쳐놓은 이치가 바로 소리이다

음(音)은 본질을 세워서(立) 밝히는(日) 것을 말한다.
말(語)은 근본(ㅗ)을 거듭(二) 펼치는(口) 것을 말한다.

문자에도 음양이 있다.
뜻을 표하는 표의문자를 음이라고 보면 소리를 표하는 표음문자는 양
이다.

바람 소리, 자동차 소리, 비행기 소리, 종달새 울음소리, 낙엽이 굴러가
는 소리 등은 표의문자로는 표현이 안 된다.
이런 소리는 소리글자인 훈민정음으로 나타낼 수밖에 없다.

문자(글)는 누가 만들었나?
우리 조상들인 동이족이 만들었다.

지금 한자라고 불리는 문자는 동이족이 만들어서 오늘날 중국의 한족이 승계하여 사용하고 있다.

예부터 우리 조상들은 글공부, 문자 공부를 한다고 했다.

한자 공부를 한다고는 말하지 않았다.

우리 민족은 문자를 음과 양으로 가지고 있었던 민족이다.

환웅시대의 '녹도문자'는 오늘날 한자로 불리는 '문자(상형글자, 표의문자)'의 전신이다.

단군 시절의 '가림토문자'는 오늘날 한글로 불리는 '훈민정음(소리글자, 표음문자)'의 전신이다.

가림토문자는 38개의 정음이 있었다.

세종대왕이 '가림토문자'를 연구해서 10개를 정리하고 28자로 새로 제정하여 공포한 것이 '훈민정음'이다.

'훈민정음' 28자로는 인류가 소리로 낼 수 있는 발음은 모두 표현할 수 있고 바람 소리, 동물의 소리 등 인간의 귀에 들리는 소리는 다 표현이 가능하다.

따라서 지구별의 어느 지역, 어느 민족이 내는 발음이라도 표현하지 못하는 발음이 없다.

이 28자 중에서 일제강점기에 당시 빈번히 사용하는 발음을 중심으로 평소에 잘 쓰지 않는 4자를 일제가 떼어내버려서 오늘날 우리나라 한글은 24자를 사용하고 있다.

현재 사용하고 있는 24자의 한글 자모로는 로마자의 f, p, v, b 등 발음의 표현에 한계가 있는 것이 현실이다.

미래지향적으로 생각할 때 세종대왕이 편찬한 28개의 자모가 모두 부활하는 날이 올 수 있기를 필자는 고대한다.

조선왕조실록 세종 25년 12월 30일자에는 이렇게 기록되어 있다.

"이달에 임금이 직접 언문 28자를 만들었다. 그 글자는 옛 전자(篆字)를 본떴는데, 초성·중성·종성으로 나누어 합한 연후에야 글자를 이룬다. 무릇 문자에 관한 것과 우리나라의 이어(俚語)에 관한 것을 모두 쓸 수 있다. 글자는 비록 간요하지만 전환이 무궁한데 이를 훈민정음이라고 일렀다."

세종은 당대 최고의 언어학자였다.

옛 전자(가림토문자)를 본떠 인체의 구강에서 나오는 소리의 발음을 연구하여 자음을 만들고, 우주의 천지인을 상징하는 모형으로 모음을 만들었다.

한글은 율려(律呂)의 소리파동을 전하는 언어문자이다.

자음과 모음의 위치를 바꾸어 만들 수 있는 글자가 1만 1천여 자에 이른다.

이는 인간이 세상에서 들을 수 있는 모든 소리를 글자로 표현할 수 있다는 뜻이다.

지구촌에 있는 모든 문자 중에서 으뜸이다.

소리는 인체의 신경계와 순환계에 영향을 준다.

인간의 DNA연구로 노벨상을 받은 레오나드 호로비치 박사는 이렇게 말한다.

"뇌의 감각운동의 삼 분의 일은 혀, 구강, 입술, 말하기에 할당된다. 다른 말로 하면 구강, 발성, 또는 노래의 주파수는 총체적 행복과 심지어 종(種)의 진화에 영향을 주는 유전자를 진동시키며 생명을 총체적으로 강력히 조종한다."

한글 표음문자(소리문자)는 태양천음(太陽天音)의 파동현상으로 인간에게 전달된다.

댄 윈터는 글자가 발음될 때 물질을 신성한 기하학적 패턴으로 바꾸는 진동주파수를 생성하는 것을 실험으로 증명한 과학자이다.

촛불을 향해 특정 단어(만트라, 진언)를 읊조리면 단어가 방출하는 주파수에 영향을 받아 촛불의 색깔과 강도가 변한다는 것이다.

신비한 얘기지만 이와 같은 원리로 인체의 혈압을 높이거나 낮출 수도 있다고 말한다.

소리의 진동이 일으키는 이런 변화는 인간의 정신에도 영향을 미치며 주변 환경에 영향을 주어 온기와 한기를 일으키기도 한다.

소리는 단순한 진동신호 이상으로 생명체와 상호작용할 뿐 아니라 생명체를 유지하고 진화시켜주는 작용을 보이기도 한다.

소리는 사람, 사회, 문화, 문명 간 의식의 매개체로 작용하는 파동 에너지이기 때문이다.

한글의 표음문자는 인류 최고의 과학적, 합리적, 논리적, 편의적, 기계적, 전자적 문자이다.

지구의 주파수는 7.83Hz이고 인간의 생명주파수도 7.83Hz이다.
지구와 생명의 공명주파수는 7.83Hz이다 (슈먼 주파수).
한글을 읽을 때 7.83Hz로 읽으면 태양전음에 연결될 수 있다는 수장이 나올 수 있다.

태양천음은 인간의식을 지구의식으로, 지구의식을 우주의식으로 연결해주는 음성(소리)에너지이다.

2.
소리는 정(精), 기(氣), 신(神)의 파동운동이다

소리의 파동운동은 우리 몸을 구성하고 있는 삼 요소와 같은 이치를 가진다.

덧붙이면 기란 생태계 일반을 두루 관통하는 우주적 생명력이라고 할 수 있다.

'기'가 모이면 '형'이 존재하고 '기'가 흩어지면 '형'이 없어진다.

허공에 흩어져 있어 보이지 않는 공기가 내 몸으로 들어와서 감정이라는 무게가 담긴 소리로 만들어져 나오게 된 것이 노래다.

보이지 않는 상단전의 뇌를 뜻하는 신(神)과 하단전에 깃든 감정인 정(精)이라는 두 기운이 중단전에서 기합(氣合)하여 신기(神氣)를 이루고 중단전인 심장에서 기가 폭발하여 성대에서 호흡이 음양승부를 거쳐 마침내

정과 신이 담기고 뜻과 맛이 서린, 소리라는 형기(刑氣)가 생겨난다.

우리 조상들은 음악을 천지의 도(道)로 여겼다.

『악학궤범』에서는 '근본을 끝까지 캐고 변화를 알아내는 것이 음악의 실정이다'라고 설명했다.

천지자연은 그 자체가 끊임없이 음양(陰陽)과 동정(動靜)으로 율동하므로 항상 음악을 띠고 있는 상태다.

천지음양의 운동을 다른 말로 율려(律呂)운동이라고 한다.

인간의 호흡과 인간의 맥박도 우주의 리듬에 따라 운행되고 있다.

음악의 선율에는 '음율'과 '운율'이 있다.

짧은 '음율'에는 소리의 뜻이 내재되어 율동하고 긴 '운율'에는 사람의 감정이 내포되어 율동한다.

우리들에게 크나큰 자양분이 되고 있는 이론은 거의 모두가 이론가가 아닌 실기자의 손끝에서 나온 데이터이다.

이론가들은 실기자들이 남겨놓은 작품이나 이론에 감상과 평론을 덧칠한 경우가 많다.

천지만물은 음양이 하나로 맞물려서 돌아가는데, 땅 쪽 방향으로 운동을 하면서 반시계 방향으로 도는 것이 좌선이고 하늘 쪽 방향으로 운동하면서 시계 방향으로 도는 것을 우선이라고 부른다.

만물은 좌선하는 기와 우선하는 기가 음양으로 맞물려 돌아가는 기운으로 생성작용을 하고 있다.

우리 조상들은 소리 중에서 공력이 단단한 몸통에서 나오는 통성을 으뜸으로 친다.

통성은 소리의 깊은 맛을 내고 소리의 힘을 자유자재로 쓸 수 있기 때문이다.

공력을 많이 들이면 상중하 단전이 하나로 통쾌하게 연결돼 소리의 힘을 자유자재로 쓰게 된다.

공력으로 힘을 얻으면 '간힘'을 써서 목을 자유자재로 쓸 수 있지만, 힘이 부족하면 '안간힘'을 쓰게 마련이다.

'안간힘'이란 단전 간에 힘이 서로 못 미친 것을 말한다.

공력이 부족하여 '안간힘'을 쓰게 되면 목을 쥐어짜게 되고 몸도 비틀리게 되면서 호흡도 불편해진다.

'간힘'을 얻으면 비로소 힘 있는 통성을 낼 수 있다.

공력은 내공의 기운이고 내공은 진기의 흐름이다.

진기는 인체 생명활동의 원동력이다.

진기는 선천적으로 받은 원기와 후천적으로 생긴 호흡지기(呼吸之氣)와 수곡지기(水穀之氣)가 합해서 진기를 이룬다.

달인의 경지와 범인의 경지는 분명 다르다.

달인은 '총명'해야 한다.

'총(聰)'은 소리가 없는 데서도 들음이요, '명(明)'은 형체가 드러나기 전에 보는 것이다.

천지우주의 도(道)는 제행무상(諸行無常)이다.

음악은 무상한 움직임 속에 일어나는 율려의 물결을 음율과 운율로 옮겨 실은 것이다.

천지는 왜 무상(無常)할까?

이는 음양의 두 기가 끊임없이 맞물려 서로 돌고 있기 때문이다.

또 지구와 태양이 음양으로 맞물려 끊임없이 돌고 있기 때문이다.

인체는 머리(양)와 몸체(음)를 음양으로 나눈다.

머리에서는 코(양)와 입(음)을 음양으로 나눈다.

몸체에는 횡격막을 중심으로 천지상하의 경계가 있다.
횡격막 위의 폐와 심장은 하늘이고, 아래의 위장, 간, 신장 등은 땅에 비유한다.

하늘의 기는 코를 통해 폐부로 들어오고 무거운 기는 심장을 통해 온몸을 돌아 기혈 작용을 하고 가벼운 기는 코를 통해 다시 나간다.

물이나 곡식처럼 땅의 기능을 품고 있는 것들은 입을 통해 위장으로 들어가서 가벼운 기는 영양분이 되어 체내에 흡수되고 무거운 기는 항문으로 빠져나간다.

소리는 생동하는 기운의 경중과 상청, 하탁을 잘 운용해야 한다.
소리의 어단성장(語短聲長)과 억양반복은 음양·동정의 이치로 이뤄진다.

조선시대 선비 학자 김시습은 이렇게 말했다.
"천지자연의 글이 있으니 반드시 천지자연의 소리가 있다. 소리의 바탕이 글이 되고 글이 나타난 것이 소리다."

자연은 자연 그대로가 글이요 소리인 것이다.

3.
한국문화는 오케스트라와 같은
화이부동의 문화이다

애기를 잠깐 바꾸어 중국문화와 한국문화 사이에 기본적으로 어떤 차이점이 있는지 알아보자.

한마디로 중국문화는 동화문화(同化文化)라 할 수 있다.

우리 문화와 중국문화는 상고시대부터 충돌, 모방, 교류하면서 서로 꽃을 피웠다.

이런 과정을 통하여 중국은 우리 문화를 수입하여 '차이나 문화'로 둔갑시켰다.

『맹자』는 중국문명은 동이문화(東夷文化)와 서이문화(西夷文化)의 토대 위에서 형성되었다고 정확하게 지적한바 있다.

쉽게 표현하면 '차이나 문명'은 당초부터 독자적인 실체가 없었다는 것이다.

오늘날 우리가 말하는 '차이나 문화'는 변방문화와 중국문화를 통합한
문화이다.
변방문화를 흡수하여 자기들 문화와 합병시킨 문화가 중국문화인 것
이다.
합병한 후에는 모든 것이 중국문화화되었다.

이에 비하여 한국문화는 자국문화와 외래문화가 너와 나의 경계를 허
물고 각자의 문화가 뒤섞여 있다고 볼 수 있다.

공생·공영하는 접화문화(接化文化)라 할 수 있다.

각각 다른 본질을 가지고 하나의 큰 오케스트라를 연주하는 것이 한
국문화이다.
다른 말로 화이부동(和而不同)의 문화라 할 수 있을 것이다.

동양사회의 철학적 기반이 되는 음양오행 원리와 역학 등은 상고시대
에 고조선 한민족의 근원인 동이족문화가 그 바탕을 이뤄놓은 것인데,
그것이 지금은 중국문화인 것처럼, 중국문화화가 되어 있는 것이 오늘날
의 현실이다.

중국의 동화문화 정책에 따라 주변국의 문화를 자기들 문화로 흡수·합병했기 때문이다.

음악도 비슷한 처지에 있다.

고대의 음악철학인 12율려나 그 후의 5음인 궁·상·각·치·우에도 고조선 한민족의 기상과 기운이 엄연히 흐르고 있어 오늘날의 우리나라 언어, 음악, 무용, 농악, 풍류 속에 뿌리 깊은 한류로 계승되어 내려오고 있는 것이다.

동양철학의 근본으로 알려진 『역경』도 마찬가지다.

『역경』이 세상에 나올 당시에는 한족은 숫자가 미미했었다.

더구나 당시의 지배층은 모두 동이족이었다.

『역경』은 동이족에 의해 창작된 으뜸 경전(經典)이다.

『역경』은 이(理), 상(象), 수(數)를 논한 학문이다.

우주 만물이 생동하는 이치와 물상과 수리를 논한 학문이다.

수를 보고 그 상을 짐작하고 마침내 이치를 알아간다는 뜻이다.

수리는 물상과 이치에 합당하게 정해져 있다고 본다.

그렇다면 그 수리를 간파하는 것이 중요하다.

우리나라 한민족은 북방의 3수 분화문화를 철저하게 궁구하여 발전시켜온 민족이다.

반면에 중국의 한족은 남방의 2수 분화문화를 끊임없이 계승하고 발전시켜왔다.

12율려나 궁·상·각·치·우는 바로 3수 분화문화의 수리체계에서 나온 우리나라 전통 음악철학이다.

3수 분화문화는 삼태극 사상을 따라 형성되어 나온 것이다.

삼태극 도형은 천지인 삼재가 하나로 혼합된 혼돈 상태를 나타낸 것으로, 우주 구성의 기본요소인 천(天)과 지(地)에 인간(人間)을 참여시켰다는 점에서 음양이나 태극과 구별된다.

인간을 삼재의 한 요소로 포함시킨 것은 인간이 천지의 합체이고 소우주라는 인식을 바탕으로 하고 있다.

삼태극 도형은 송나라 성리학자 주돈이가 『태극도설(無極而太極)』을 내놓기 이전에 이미 상고시대의 우리나라에 있었음은 『고기』와 고대 유물을 통해 오래전에 입증이 된 것이다.

우리나라의 서원이나 향교의 대문에 그려진 삼태극 도형, 그리고 궁전, 관아, 능, 묘, 원 등의 입구에 세운 붉은색 홍살문에 그려진 삼태극 도형은 오랫동안 우리 전통의 맥을 부단히 잇고 있는 증거라 볼 수 있다.

중국의 2수 분화문화는 음양과 태극만을 따른 것이다.

중국의 언어체계를 보면 음양논리에 따라 성모와 운모의 2성 체계이다.

우리나라 언어체계는 삼태극의 원리에 따라 초성, 중성, 종성의 3 체계이다.

언어체계뿐만 아니라 우리나라 한민족은 생활문화 전반에 걸쳐 이러한 삼태극 사상에 근거한 철학을 바탕으로 독자적이고 독보적인 문화를 형성한 것이다.

모든 민족의 음악은 저마다 고유한 민족문화와 정신체계와 언어체계에 반드시 연결되어 있다.

우리나라 한민족의 3수 분화원리는 의식주 문화를 포함하여 우리 민족의 생활문화 전반에 걸쳐 천지인, 성명정, 심기신, 정기신, 감식촉, 음양충, 삼태극, 삼세번, 삼박자 등으로 마치 우리 몸에 있는 기혈처럼 생생하게 순환적으로 돌아가고 있는 것이다.

우리 문화 생성의 기운과 원리는 우리나라 언어, 음악, 무용, 농악, 무술 등에도 그대로 녹아 내려온다.

우리나라 오음(五音)의 자음과 모음 구성은 아래와 같다.

	궁(입술소리)	ㅁ ㅂ ㅍ
	상(잇소리)	ㅅ ㅈ ㅊ
자음	각(어금닛소리)	ㄱ ㅋ
	치(혓소리)	ㄴ ㄷ ㄹ ㅌ
	우(목구멍소리)	ㅇ ㅎ

	궁	ㅡ ㅣ ·
	상	ㅓ
모음	각	ㅏ
	치	ㅜ
	우	ㅗ

우리나라 한민족은 어떠한 철학적 개념을 만들 때 반드시 천문, 인문, 자연과학에 근거했고 실생활의 경험을 토대로 삼아 만들었던 것이다.

천지인이란 무엇을 말하는 것인가?

하늘과 땅과 사람의 관계가 어떻기에 수천 년 동안 그렇게 극진하게 생각하고 받들어왔을까?

우리 조상들은 먼저 '우주공간에서 나란 존재는 과연 무엇인가?' 하는 의문을 가졌던 게 틀림없다.

곰곰 생각하다가 종국에는 하늘, 땅, 사람이라는 삼신(三神)의 삼위일체 관계를 도출해낸 것이 아닌가 필자는 그렇게 생각한다.

여기서 인(人)은 천지간의 모든 생명체를 대표해서 내세운 개념이다.

글자의 시(時)자를 파자해보면, 하늘의 해(日)와 지구의 땅(土)이 만나서 마디(寸)가 생겨난다는 뜻을 담고 있다.

해는 1이 되어 양이 되고, 달은 2가 되어 음이 되고, 음과 양이 3인 지구의 땅에서 기합이 이뤄져 마침내 만물이 생겨난다는 게 삼신의 작용이다.

앞에서 인용한 노자의 말을 다시 옮겨보자.

"노가 하나를 낳고, 하나가 둘을 낳고, 둘이 셋을 낳고, 셋이 만물을 낳는다. 만물은 음을 등에 업고, 양을 가슴에 안았다. 온화한 기가 서로

합하여 조화를 이룬다."

한국음악의 장단, 호흡, 발성은 이러한 원리로 3박 율동을 하면서 운행한다.

하늘의 사시(四時: 춘분, 추분, 하지, 동지)와 땅의 동서남북 네 공간이 음양으로 만나 사방팔방과 사시사철이 생겨난다.

우리나라 소리의 장단 개념은 서양음악의 리듬 개념과는 완전히 다른 개념이다.

서양의 리듬 개념은 음의 길고 짧음, 셈여림이 일정한 빠르기로 되풀이되는 흐름을 말한다.

우리나라 소리의 장단 개념은 천지인 삼재(天地人 三才)의 율동이 사방팔방과 만나는 시공간의 흐름을 말한다.

4.
우리나라 소리의 장단은
서양의 리듬과 어떻게 다른가

우리나라 소리의 장단은 천지자연 시공(時空)의 흐름과 같다.

시공간의 흐름 속에 들락날락하는 숨을 당기고 밀어서 음을 넓히고 음을 좁혀 강약, 원근, 대소를 그려내는 것이 우리나라 소리의 장단이다.

소리의 장단은 음율로만 흐르지 않고 소리가 넓게 확장되어 좁아지고, 커지고, 작아지고, 멀어지고, 가까워지고 하는 운율을 띠어 입체적 공간까지 그려나가는 것으로 음으로 그리는 그림적 요소가 있다.

음양 장단으로 가는 숨결이 우리나라 말법을 닮아 3박으로 분화하면서 소리가 율동한다.
한 음절은 한 박이고 한 소절을 이루는 3박이 한 박자와 같다.
박과 박자 안에도 장단이 있다.

한 호흡이 한 장단이다.

날개를 펼 때는 호흡을 길게 마시고 날개를 오므릴 때는 신속하게 숨을 내쉬면서 날개를 내젓는다.

이렇게 날개를 폈다가 오므리는 것이 장단운동이다.

우리나라 소리의 장단은 1년 세시운동의 끊임없는 율동을 그대로 따온 장단 구조다.

어느 나라에도 없는 독보적 장단 구조다.

시공이 교차하는 세차운동(歲差運動)의 흐름을 그대로 본떠서 음악적 장단을 만든 것이 우리나라 음악의 장단이다.

'진양조'의 24박은 24절기를 본뜬 것이고, '중모리'는 1년의 12달을 본뜬 것이고, '자진모리'는 춘하추동 사계절의 시공을 본뜬 것이다.

우리나라 언어와 음악은 천지음양과 우주운동을 따라 형성되었다고 볼 수 있다.

서양에 오선보가 있듯이 우리나라 전통음악에는 정간보(井間譜)가 있다.

호흡에 들숨과 날숨이 있고 들숨과 날숨의 음양승부로 소리가 생겨난다.

길게 날이 선 들숨에다 날숨을 짧게 그어 선율의 씨를 뿌리는 것이 발성의 요체다.

호흡의 날이 제대로 서야 소리의 씨가 사방으로 펼쳐진다.

우리나라 소리는 무기교의 기교를 추구하여 부조화의 '음'으로 조화로운 '율'을 꾀하는 화이부동(和而不同)의 성질이 강하다.

서양의 음악은 '음'을 다듬어 통일된 순음으로 화음을 이뤄가는 성질이 강하다.

예를 들면 서양 교회 종의 울림은 쇠와 쇠가 부딪혀 소리가 나고, 우리나라 범종은 나무와 쇠가 부딪혀서 소리가 난다.

서양은 동질이 어울려 소리를 내고, 우리나라는 이질이 어울려 소리를 내는 것이다.
즉, 각각 자기 고유의 소리를 내면서도 전체적으로 조화를 이뤄내는 화이부동의 소리를 낸다고 할 수 있다.

우주의 '우(宇)'는 공간이고, 우주의 '주(宙)'는 시간의 왕래이다.
'우'는 동서남북의 공간이고, '주'는 춘하추동의 시간이다.

중력파의 원리를 소리 발성에 대입하면 자신의 중력으로 잡아당긴 호흡으로 인해 두 줄 성대가 충돌하여 소리가 시공간으로 곡선적인 선율을 그리며 파동하는 것이다.

음율은 시간을 타고 흐르고, 운율은 공간을 타고 흐르면서 음파가 율동한다.

음율은 시간율이고, 운율은 공간율이다.

음양으로 살펴보면, 호흡이 음이라면 소리는 양이 된다.

호흡은 가볍고 차가운 하늘 쪽의 양에서 땅 쪽의 무거운 음으로 왔다가 폐에서 따뜻하게 데워져 다시 음에서 양으로 가고, 소리는 음에서 양으로 갔다가 다시 양에서 음으로 돌아온다.
즉 호흡은 오고 가고, 소리는 가고 오는 것이다.

공기는 하늘이 고향이고, 소리는 우리 몸이 고향이다.

호흡은 하늘에 있는 공기가 우리 몸에 왔다가 다시 하늘로 가는 것이 일이다.

소리는 호흡에 따라 우리 몸에서 밖으로 나갔다가 다시 우리 몸으로 들어오는 것이 일이다.

다시 반복하지만 우리 몸은 정·기·신(精·氣·神)으로 구성되어 있다.

정은 음의 영역인 몸에서 발동하고, 신은 양의 영역인 머리에서 발현한다.
기는 소리라는 기물이 나오도록 정과 신을 한데 모아, 기를 쓰는 곳인 심장에서 발동한다.
호흡의 정신이 소리의 정신으로 발현되게 하는 역할을 심장이 맡고 있는 것이다.

정의 주관처는 하단전에 속한 전립선(자궁)이다.
신의 주관처는 상단전에 속한 두뇌이다.
기의 주관처는 중단전에 속한 심장이다.

심장은 정과 신의 기를 통일해서 음양승부를 조절하는 중단전 역할을 한다.

흔히 우리가 말하는 정신통일은 결국 심장에서 이뤄지는 것이다.
정신이 약하면 심장도 약해지고, 정신이 강하면 심장도 강해지는 이

유이다.

우리 인체 내에서는 가벼운 하늘의 기와 무거운 땅의 기가 서로 음양으로 맞물려 승부하면서 생리작용을 하고 있다.

하늘과 땅이 음양으로 맞물렸듯이 인체도 머리와 몸이 음양으로 맞물려 있다.

하늘 쪽의 머리가 양이고 땅 쪽의 몸이 음이다.

소리는 작은 것에서 큰 것을 이룬다.

인체에서 작은 쪽은 머리이고 큰 쪽은 몸이다.

호흡과 발성을 할 때는 반드시 머리 쪽의 호흡기관이 먼저 작용해야 몸 쪽에서도 동시에 작용할 수 있다.

머리 부위에서는 먼저 목젖을 기점으로 입천장과 아래턱이 작용하고 몸 쪽에서는 척추와 갈비뼈와 횡격막이 작용한다.

인체의 골근이 서로 음양으로 작용을 해야지만 폐와 심장에서 발동하는 기혈도 음양승부를 거쳐 소리를 만들어낼 수 있는 것이다.

호흡이란 말 자체에서 드러나듯이 먼저 숨을 내쉬는 호기(呼氣)가 있어
야 한다.

그래야 내쉬고 텅 빈 그 자리로 숨이 다시 들어올 수 있다.

이 날숨과 들숨을 조절하는 것이 단전의 힘이다.

단전의 내공에 따라 호흡량이나 소리의 운용능력이 달라지는 이유이다.

들락날락하는 호흡의 질에 따라 소리가 생겨나고 그 소리는 공명통이
라는 울림통으로 들락날락하는 것이다.

호흡과 소리가 공명통으로 잘 들락날락거리도록 단전의 힘이 주관하
기 때문에 단전의 힘을 강화하는 데 공력을 들여야 한다.

단전의 내공에 따라 호흡량이나 소리의 응용능력이 달라지기 때문이다.

지구의 만물은 물과 불의 다툼으로 생성된다.

불은 성질이 가볍고 물은 성질이 무겁다.

물불의 경중을 잘 가려야 한다.

물불을 못 가리면 만사를 그르친다.

호흡은 물불과 같다.

호는 불과 같고 흡은 물과 같다.

호가 흡으로 내려오고 흡이 호로 올라간다.

호흡지기(呼吸之氣)는 하늘로부터 폐로 들어온 외기(外氣)이다.

수곡지기(水穀之氣)는 땅에서 난 물과 곡식의 기운을 위장과 비장에서 소화해서 온몸으로 보낸 내기(內氣)이다.

사람의 생명 발현과 그 활동을 유지하는 데 기본이 되는 것이 바로 정기다.

날 때부터 지닌 정기를 선천지정(先天之精)이라 하고, 생명활동을 위해 공기와 물과 음식을 섭취해서 얻은 정기를 후천지정(後天之精)이라고 한다.

후천지정이 선천지정을 도와 생명활동이 건강하게 이뤄지는 것이다.

우리 몸은 참으로 신비로운 과학의 세계이고 '스스로 그러한' 우주의 세계이다.

몸의 원리를 이해하면 아름다운 소리가 바르게 나올 수 있다.

우리 몸은 그 자체가 하나의 위대한 울림통이요, 호흡통이라고 할 수 있는 것이다.

만물은 나고 자라고 결실을 맺는다.

이것을 생장성(生長成) 운동이라고 말한다.

이러한 생장성 운동에 따라서 우리나라 장단은 3박으로 이뤄져 율동하는 것이다.

1은 양수(陽數)로서 통일의 본체이고, 2는 음수(陰數)로서 분열의 본체이며, 3은 1과 2를 합친 수이므로 음양이 함께 뭉친 수이다.

1도 3도 양수이지만 1은 음양이 똘똘 뭉쳐 수축한 3수를 품은 양수이고, 3은 음과 양이 분열하며 생하고 장하여 새로 기합 된 양수이다.

우리나라 음악의 장단은 이런 1·2·3박의 원리로 율동을 전개하는 것이다.

밀고, 당기고, 맺는 3박 율동이다.

마이클 슈나이더의 말을 아래에 옮겨 보자.

"인간은 항상 3에 노출되어 있다. 모든 전체 사건은 본질적으로 서로 대립적인 양자와 새로운 전체를 가져오는 외부의 제3의 요소가 삼위일체를 이루고 있다. 물리학자들은 이러한 삼위일체를 작용, 반작용, 합력이라 부르고, 철학자들은 정(正), 반(反), 합(合)이라 부른다. 세 요소는 함께 더 큰 새로운 정(正)을 이루고, 그것은 다시 그 반대를 낳아, 다시 더 큰 합을 준비한다."

중국의 음악구조는 밀고 당기는 음양의 2박 율동이 주도적이다.

우리나라의 음악은 밀고, 당기고, 맺는 3박 율동이 주도적이다.

이것은 정, 반, 합의 이치와 같다.

만물의 변화과정인 나고, 자라고, 맺는 생장성(生長成)의 3분화 과정과 닮아 있다.

만물은 3극작용을 한다.

3극은 천지인의 우주정신이다.

우주정신은 일월정신이다.

일월정신이란 해(日)와 달(月)이 지구의 땅을 비추어서 만물을 생성, 발전케 하는 것을 말한다.

일월정신은 만물정신이다.

만물정신은 소리정신이다.

소리정신은 호흡을 통해 정, 기, 신의 3수로 율동하는 파동정신이다.

『악학궤범』은 아래와 같이 기술하고 있다.
"악(樂)이란 하늘에서 나와서 사람에게 붙인 것이요, 허(虛)에서 발하여 자연에서 이루어지는 것이니, 사람의 마음으로 하여금 느끼게 하여 혈맥을 뛰게 하고 정신을 유통케 하는 것이다."

공자는 이렇게 말했다.
"시로써 일어나서, 예로써 바로 서며, 음악으로써 완성한다(興於詩 立於禮 成於樂 - 『論語』)."

공자는 '예(禮)'와 '악(樂)'을 '문화'라 생각했다.

예(禮)로써 행실을 바로잡고 악(樂)으로써 화합을 이루어야 한다는 것은 공자사상의 핵심이다.

따라서 공자의 예악(禮樂)은 정치의 수단이자 목적이기도 했다.

공자는 이렇게 말했다.

"예악으로 나라를 다스려야 한다."

"예(禮)는 인간의 외면을 다스려주고 악(樂)은 인간의 내면을 다스려준다."

"예(禮)는 밖에서 작용하는 것이고, 악(樂)은 안에서 우러나오는 것이다."

소크라테스는 이렇게 말했다.

"음악의 양식이 바뀌면 국가의 기본법도 바뀌어야 한다."

"선율의 조화는 영혼의 깊숙한 데까지 파고들어 영혼을 우아하게 하고 세련되게 만들어줄 뿐만 아니라 건강의 유지와 회복에도 도움을 준다."

장단은 우리나라 음악의 골격이고 대간이다.

장단에는 세상의 오욕칠정, 희로애락, 흥망성쇠, 부귀빈천, 대소경중, 상하청탁, 생사거래의 성음과 선율과 우리 민족의 정서와 가락과 신명과 흥과 멋이 도도히 흐르고 있다.

5.
우리 소리와 한글의 창제원리는 어떤 관계인가

한글의 원리 속엔 오묘한 천지자연의 이치가 그대로 담겨 있다.
한글 말법의 이치는 사람의 발성법의 이치와 같다.

한글은 표음문자다.
뜻이나 모양이 아니라 소리를 그대로 본떠 나타낸 글자로, 세계가 찬
탄하는 지구별 최고의 문자다.

한글은 모든 언어가 꿈꾸는 최고의 알파벳이다.

언어학이란 음성학, 음운학, 문자학을 통틀어 가리킨다.

세종대왕은 이 모두에 정통했다.
음성이 인체의 발음기관과 깊은 관련이 있음을 깨달았고, 중국어는 한
음절이 성모와 운모 2성으로 발음되지만, 우리나라 말은 초성, 중성, 종

성의 3성으로 발음된다는 것을 지적했다.

3성의 원리는 성음 놀이의 이치다.

음과 음을 자연스럽게 이어주기도 하고 가락을 화려하게 꾸며주기도 하는 '시김새'의 모양이고, 우리나라 소리 발성의 원리다.

3성의 원리는 우리 겨레 호흡의 결이고, 정서이며, 한민족의 철학이 담겨 있는 가장 소중한 문화적 코드이다.

『훈민정음 해례본』서문에는 이렇게 쓰어 있다.

"소리의 원리를 바탕으로 하였으므로 음악의 7음에 맞고, 3재(천지인)의 뜻과 2기(二氣: 음양)의 묘가 다 포함되지 않은 것이 없다…(중략)…악가는 율려가 고르게 되며, 쓰는 데 갖추어지지 않은 바가 없고, 가서 통달되지 않는 바가 없으며, 바람 소리, 학의 울음, 닭의 홰치며 우는 소리, 개 짖는 소리일지라도 모두 이 글자를 가지고 적을 수 있다."

7음(七音)이란 우리나라 음악의 음계로서 궁·상·각·치·우·반상·반치를 말한다.

우리나라 말은 발소리 자체에 음악적 정경이 풍부하게 내재된 언어체계다.

바람은 천지만물을 길러내고자 사방 천지에 고르게 불지만 바람을 맞이하는 만물은 그 바람을 맞이하는 스스로의 기운에 따라 발육이 달라진다.

이치와 진리는 만인에게 널리 유익하지만 취사선택은 각자의 몫이다.

하늘의 기운인 신기(神氣)를 받아들여 신명을 내는 주체는 바로 자신의 정신세계이다.

우주 자체는 플러스와 마이너스의 음양승부로 운동하고 있으며 해와 낮은 양(플러스)이고 달과 밤은 음(마이너스)이다.

해와 달과 낮과 밤의 한열지기(寒熱之氣)가 교차하면서 만물의 생성작용이 이뤄진다.
인간이 생산해내는 모든 것도 그 운동을 따라 작용한다.

우리나라 말에서는 중성인 모음의 중계로 하늘소리인 초성과 땅의 소리인 종성이 서로 음양승부를 해서 뜻과 감정이 담긴 음운이 결정된다.

우리나라 소리의 12율려는 여섯 +(플러스)음과 여섯 -(마이너스)음인 6률 6려의 음양승부작용으로 일어나는 우주의 생동 리듬을 음악적 언어로 표현한 것이다.

우리나라 한민족이 노래를 잘 부른다는 것은 결국 이러한 말법의 이치를 잘 안다는 것이라 할 수 있다.

지구상의 어느 나라도 언어의 이치에 하늘의 소리와 땅의 소리라는 음양의 이치를 규정한 나라가 없다. 오직 우리나라뿐이다.

우리나라의 말법은 우주의 자연적 생리에 따라 생겨난 것이다.
거듭 얘기하지만 음양오행은 자연법칙이다.

한글은 음양오행의 자연법칙에 따라 만들어졌다.

자음에는 수·목·화·금·토 오행의 원리가 있고, 모음에는 천지인 3재의 원리가 담겨 있다.

초성인 자음은 아·설·순·치·후음으로서 입안에서 나오므로 뜻을 품고 짧게 발음된다.

사음과 모음에는 모두 오방인 동·서·남·북·중앙이 설정되어 있다.

초성 자음은 하늘의 체(體)이고, 중성 모음은 하늘의 용(用)이다.

자음은 하늘의 뜻 소리어서 굳세고 부드러운 강유와 청탁이 있고, 모음은 자음의 체(體)를 공간적으로 확장함으로써 자음의 체(體)가 지닌 뜻을 더 분명하게 그래서 운을 띠게 한다.

중성 모음은 하늘의 용(用)이라 음양으로 나뉜다.

나무의 줄기에는 잎에서 뿌리로 내려오는 체관과 뿌리에서 잎으로 올라가는 물관이 있다.

체관은 하늘(+)에서 땅(-)으로 오는 음의 영역이고, 물관은 땅(-)에서 하늘(+)로 가는 양의 영역이다.

체관은 음의 영역이고 물관은 양의 영역이다.

이것이 바로 중성 모음의 음양이다.

모음은 초성과 종성에 담긴 뜻이 펼쳐져 실제적 감정의 운이 발동하는 맛 소리다.

우리나라 목소리는 오행(五行)으로 내야 원리에 맞다.

목성은 나무 패듯이 와지끈 하는 소리가 나야 하고,

화성은 불이 확 타오르듯 고함치는 맛이 있어야 하고,

토성은 땅과 같이 두텁고 깊은 맛이 있어야 하고.

금성은 쇳소리이니까 쨍그랑 하는 소리가 나야 하고,

수성은 잔잔하며 말랑말랑한 맛이 있어야 한다.

우리나라 한글의 모음을 나타내는 글자의 모양은 하늘, 땅, 사람이라는 3재를 본떠 만든 것이다.

ㆍ은 하늘을 상징하고,

ㅡ는 땅을 상징하고,

ㅣ는 하늘과 땅 사이에서 하늘과 땅을 잇는 사람을 상징한다.

ㆍ, ㅡ, ㅣ가 조합되고 교류하여 상하, 좌우, 전후의 육합으로 소리가 통하지 않음이 없다.

우리나라 음악의 운율이 자유롭고 강약, 원근, 대소, 상하, 장단 등 다양한 발성 표현이 가능하며 성음을 풍부하게 구사할 수 있는 원리다.

하늘소리인 초성과 땅의 소리인 종성이 중성인 모음의 중재로 결과를 맺어 밑에 서린 상과 뜻을 그려내는 3박 율동 체계가 우리나라 언어의 원리다.

한 번 더 반복한다.

중국의 언어체계는 2박 율동이고, 우리나라 언어체계는 3박 율동이다.

중국어는 성모와 운모 2박의 이분법적 발성이고, 한국어는 초성, 중성, 종성으로 이루어져 밀고 당기고 맺는 3박의 삼분법적 발성이다.

지구상의 모든 음악은 그 나라 그 민족의 언어구조를 따른다.

2분박은 직선적인 강약으로 율동하지만, 3분박은 밀고 당기고 맺으며 가는 곡선적인 본중말(本中末)의 율동을 하는 것이다.

첫 박은 뿌리이고, 둘째 박은 뿌리와 열매를 연결하는 줄기이고, 셋째 박은 열매와 같은 것이다.

서양 7음계 이름은 라틴어 단어의 첫 글자이다.

시	별	sider
라	은하수	lactea
솔	태양	sol
파	행성	fata
미	지구	microcosmos
레	달	regina
도	절대자	dominus

서양의 7음계는 절대자에서 시작하여 절대자로 끝난다.

우리나라 5 음계 이름은 지구의 자연 질서에 따라 지어져 있다.

궁(宮)	土(흙)	중앙	늦여름	단맛
상(商)	金(쇠)	서방	가을	매운맛
각(角)	木(나무)	동방	봄	신맛
치(徵)	火(불)	남방	여름	쓴맛
우(羽)	水(물)	북방	겨울	짠맛

우리나라 소리에서 어단성장(語短聲長)이란 소리가 나갈 때 발성되는 말의 '붙임새'를 말한다.

어(語)는 짧게 하고 성(聲)은 길게 붙인다.

어단성장은 뜻 소리인 음(音)과 맛 소리인 운(韻)으로 이뤄진다.

한 음절에서 음은 첫소리 자음이고, 운은 모음에서 펼쳐진다.

첫 음은 짧게 빨리 붙여 뜻을 내고, 뒤에 오는 모음은 길게 울려서 운을 내는 것이 어단성장이다.

자음은 넓은 하늘에서 땅으로 역입하는 말이고 모음은 땅에서 하늘로 펼쳐 나가는 말이다.

자음은 수축된 짧은 음율이고 모음은 길게 팽창되는 운율이다.

'어단'은 뜻이라 할 수 있고 '성장'은 어단의 뜻에 담긴 이면의 맛이라 할 수 있다.

어단성장은 뜻과 맛을 내기 위해서 실행하는 우리나라 소리법칙이다.

공자는 이렇게 말했다.
"대악(大樂)은 천지(天地)와 더불어 조화롭다."

천지의 운행은 음악의 율동으로 나타나고 사람의 호흡은 천지의 호흡을 따르고 있는 것이다.

우리나라 한국인의 말과 글은 천지운행의 이치와 함께 움직인다.

우리나라 한민족의 소리 발성의 원리도 천지운행의 이치와 함께 움직인다.

옛날 우리 조상들은 현악 소리는 관악 소리만 못하고 관악 소리는 사람 목소리만 못하다고 말했다.

관악이나 현악은 자신의 호흡을 계속 악기에 유지해야 소리가 울린다.

사람의 목소리는 온몸을 울려야 나오기 때문에 현악도 관악도 사람 목소리만 못하다고 한 것이다.

사람에게는 온몸이 울림통이다.

현악기나 관악기에서 울려 나오는 소리는 대동소이하지만 사람의 목소리는 각양각색이다.

사람마다 울림통의 크기가 다 다르고 실제 감정과 정서가 다 다르기 때문이다.

소리는 호흡 결에 따라 나온다.

소리는 바람과 같다.

바람은 반드시 빈 통로를 타고 흐른다.

그 바람이 잘 통하도록 골을 터줘야 한다.

바람이 통하는 그 골이 바로 목구멍이고 공명통이다.

콧구멍에 인접해 있는 뼈 속 공간을 부비강이라 한다.

부비강은 비강(코 안)에 인접해 있는 위턱 굴(상악동), 나비 굴(접형동), 벌집 굴(사골동), 이마 굴(전두동) 등의 공명통을 말한다.

성대 소리는 소리의 종자(種子)이다.

성대 소리는 작고 약하지만 부비강에서 공명을 거치면서 크고 강한 음으로 확장할 수 있다.

공명은 이소성대(以小成大)의 효과를 낸다.

성대에서 나온 소리는 공명통을 찾아가야 비로소 제 소리를 낸다.

중청은 입안과 위턱 굴에서 나오고, 상청은 위에 자리 잡은 이마 굴과 벌집 굴과 나비 굴에서 나오고, 하청은 입안과 이두 안과 후두 안을 순회하면서 소리가 울려 나온다.

사람이 만들어내는 소리는 지구의 대기 흐름을 따라 불어대는 바람 소리와 비슷하다.

소리의 모든 것은 호흡 결에 따라 결정된다.

얼마나 호흡을 잘 조절하느냐가 중요하다.

우리는 예술을 통하여 다양한 크기의 느낌을 받는다.

낮은 단계의 감응에서 시작하여 높은 단계의 감흥, 감동, 감탄, 감격 등 그 느낌의 깊이가 다르다.

우리가 살고 있는 지구는 통이다.

우리 몸도 통이다.

우리 몸의 상단전은 북극점이라 볼 수 있고 하단전은 남극점이라 볼 수 있으며 우리 몸의 좌와 우는 동과 서다.

북극과 남극에서 자기장이 형성되어 자기력은 경도인 날줄을 따라 흘

러간다.

그 자기력의 기운이 동서로 위도인 씨줄을 따라 펼쳐진다.

경도와 위도, 씨줄과 날줄이 바로 잡혀야 지구가 온전히 돌아가듯이 몸에서 나오는 소리도 마찬가지다.

날줄과 씨줄의 변화로 기상이 변화한다.

맑고 흐리고 비가 오고 눈이 내리고 천둥이 치고 번개가 터지는 기상 변화가 있듯이 소리에도 희로애락의 다양한 성음 변화가 있는 것이다.

사람의 목소리는 오음(五音)과 부합하며 그 근원은 혈액의 순환에 있다.

악기의 음은 사람의 목소리를 모방한 것이지, 사람의 목소리가 악기의 소리를 모방한 것이 아니다.

언어는 문장 구성의 관건이며 정서와 사상을 전달하는 구조적 장치이다.

사람의 목소리는 음율과 부합하고 발음기관의 움직임의 작용에 따른 결과이다.

악기는 줄을 퉁기거나 관을 불어서 소리를 내지만 사람 목소리는 오장을 퉁겨서 나온다.

사람의 목소리는 우주가 내린 최고의 선물이다.

사람이 만물의 영장이 된 이유이다.

음악이란 자신의 심정에 서린 정서를 음율에 실어낸 것이다.

인간의 몸은 소리통이요, 악기다.

인간의 소리통은 오랜 세월을 거쳐 인류를 만물의 영장이라는 위대한 반열에 올려놓았던 것이다.

제3장

인간의 우주적 존재와 천지인 본성의 원리

0.
서문

학문이란 무엇인가?

우리 조상들은 학문이란 학문으로 어떤 새로운 것을 만드는 것이 아니라, 사람이 사람의 길에서 벗어나지 않도록 깨우쳐주는 것이어야 한다고 믿었다.

그리고 인간에게 중요한 것은 사람을 구성하는 요소 중 몸 보다 마음 (생각, 의식, 정신, 영혼)을 아주 중요한 요소로 생각했다.

우리 조상들은 의서(醫書)에서 사람의 몸을 앞세웠는데 철학(哲學)에서는 마음을 무엇보다 중요한 요소로 여긴 것이다.

왜냐하면 마음은 조화지신이 강림한 성(性)의 다른 표현이며 현상계에서는 심(心)으로 실현되고 있다고 생각했기 때문이다.

성(性)은 하늘이 내린 본성(本性)이고, 본성은 부동본(不動本)의 본성이다. 따라서 마음은 언제나 본성을 지향하는 존재로 인식했다.

사람은 세상 속에서 스스로에 의지하여 스스로 살아갈 수 있도록 변하지 않고 움직이지 않는 부동본(不動本)의 마음을 선천적으로 지니고 있는 것이라고 생각한 것이다.

조선시대 철학자 퇴계 이황, 율곡 이이, 고봉 기대승 같은 학자들은 '마음공부가 제대로 된다면 누구나 성인이 될 수 있다'는 유학의 가르침을 직관적 실천과 경험으로 이해하고 체득한 선비들이다.

21세기 분자생물학자인 조지프 루드의 핵심주장도 사람은 이성과 감성을 다스리는 마음공부를 통해 우리가 누구였으며(과거자아) 우리가 어떻게 되길 원하거나 우리가 어떻게 되길 원치 않는지(미래자아)를 반영하는 인간의 정체성 공부를 통해 인간은 '누구나 성인이 될 수 있다'라고 설명한다.

분자생물학의 일련의 메커니즘은 '누구나 성인이 될 수 있다'는 유학의 가르침과 유사한 길을 과학적 연구로 증험해주고 있는 것이다.

우리나라 사람들이 생각하는 사람다움의 시작은 정(情)이다.

그래서 그런 것일까?

우리나라 사람들은 예부터 유난히 정(情)이 많아 감정이 격하고 동정심과 눈물이 많다.

외국인들이 볼 때도 한국은 다른 나라와 달리 특별한 '정(情)의 사회'라고 인식하고 있다.

정은 어디에서 오는 것일까?

인간의 감성에서 오는 것이 정이다.

이성(理性)과 감성(感性)의 위계가 만연하기 전에 우리나라 사람들은 감성을 이성의 하위에 놓지 않았다.

이성을 합리적 영역이라고 한다면 감성은 비합리적 영역이다.

그래서였을까?

우리 조상들은 사람이 화가 날 때는 격해지는 감성을 억제하고 이성으로 화를 다스려야 한다고 강조해왔다.

유경(儒經)『예기』에는 사람이 가지고 있는 7가지 정(人情)에 대하여 희·노·애·구·애·오·욕(喜·怒·哀·懼·愛·惡·欲, 기쁨·노여움·슬픔·두려움·사랑·혐오·탐욕)으로 기록하고 있다.

이런 일곱 가지의 칠정(七情)은 배우지 않아도 자연스럽게 사람들이 스스로 표출하는 감성이다.

유학사들은 이성와 감성을 성(性)과 정(情)으로 표현했다.

그리고 성과 정은 대립되지도 않고 위계도 없다고 보았다.

성(性)에는 인의예지(仁義禮智)의 사단(四端)이 있다.

성과 정은 마음(생각, 의식, 정신, 영혼)이라는 신령한 메커니즘이 통솔한다고 보았다.

즉, 성이 움직이면 정이 된다고 본 것이다.

사단의 경우 인의예지는 성(性)이지만 그 단서인 측은지심(惻隱之心, 불쌍히 여기는 마음), 수오지심(羞惡之心, 부끄러움을 아는 마음), 사양지심(辭讓之心, 배려할 줄 아는 마음), 시비지심(是非之心, 옳고 그름을 판단하는 마음)은 인간의 본성으로 타고난 것이며 사악함이 없는 순선무악(純善無惡)의 상태로 이해했다.

그러나 칠정은 이와 다르다.

칠정은 상황에 들어맞을 때는 좋은 것이지만 상황에 들어맞지 않을 때는 나쁠 때도 있는 것으로 보았다.

칠정은 유선유악(有善有惡)의 상태로 이해했다.

사단은 순선무악의 완전한 상태로 보고, 칠정은 유선유악의 불완전한 상태로 본 것이다.

성이 정으로 발현돼 상황에 들어맞으면 그것을 중용(中庸)이라 불러 인간이 영위하는 삶의 상징적 가치로 생각했다.

사단(四端)은 이성(理性)의 작용이고, 칠정(七情)은 감성(感性)의 발동이라고 본 것이다.

이와 같이 사람은 위태로운 감성을 가진 존재다.

너그러울 때는 온 세상을 다 담을 듯 하다가도 좁아지면 바늘 하나 꽂을 데가 없는 것이 인간의 감성이다.

그래서 마음공부가 필요하다고 우리 조상들은 생각했던 것이다.

오늘날을 살고 있는 우리들에게도 마음공부의 중요성은 아무리 강조해도 부족하다.

마음공부가 제대로 된다면 누구나 순선무악의 삶을 영위하는 성인이 될 수 있기 때문이다.

순선무악의 삶을 영위하는 인간이 바로 홍익인간이다.

홍익인간이 펼치는 세계가 바로 제세이화이다.

우리나라는 홍익인간(弘益人間)과 재세이화(在世理化)라는 독창적인 건국 이념과 통치철학을 지니고 있는 유일한 나라다.

오늘날 우리가 지니고 있는 생존의식은 물질을 대변하는 과학과 정신을 대변하는 종교가 인간에게 가르쳐준 인간의식이다.

우리가 가지고 있는 생존의식은 죽음을 인간의식의 영역으로 끌어들이는 시구적 의식에 불과하다.

과학은 인간에게 생존의식을 위하여 투쟁과 경쟁을 하도록 종용했고, 종교는 인간의 생존의식에 순종과 무상의 무늬를 입혀왔다.

따라서 인간은 생존의 욕망과 죽음의 두려움에 뒤섞인 삶에 집착하게 된 것이다.

본래 인간의 생존이란 인간의 목적이라기보다 필연적으로 주어진 소중한 기회에 불과하다.

여기에다가 인간이 생존의 목적을 만들고 목적을 붙잡고 늘어지는 고통을 감수하고 있는 것이다.

이것은 인간이 지구의 중심적 존재가 된 이유와 우주에 지구가 생겨난 원리를 알 수 없게 한 원인이 된다.

인간은 인간으로서만 의미가 있는 게 아니다.

인간은 우주적 목적에 부합된 존재로 선택된 것이다.

인간은 지구적 의미로만 있는 게 아니라 우주적 가치와 의미로 존재하고 있다는 것을 깨달아야 한다.

오늘날 인류는 4차 산업혁명시대를 맞이하고 있다.

1차 산업혁명시대의 아이콘은 증기였다.

2차 산업혁명시대의 아이콘은 전기였다.

3차 산업혁명시대의 아이콘은 컴퓨터였다.

그런데 4차 산업혁명시대의 아이콘은 무엇일까?

훗날에 산업혁명사를 연구하는 학자들에 의해 추후에 명명될 것이다.

하지만 재미있는 현상은 4차 산업혁명이 진행되고 있는 와중에서 4차 산업혁명의 아이콘이 미리 거론된 것이다.

가장 유력한 아이콘으로 '인공지능(AI)'이 부상했다.

인공지능이 4차 산업혁명의 아이콘으로 부상한 것에 반론의 제기가 없는 것을 보면 4차 산업혁명의 아이콘은 인공지능(AI)이 될 공산이 크다.

여기에서 그동안 인류가 애지중지해왔던 종교(정신)분야와 과학(물질)분야가 새로운 국면을 맞이하게 된 것이다.

물질분야와 정신분야는 오랫동안 인류의 문명과 문화의 발전에 두 기둥 역할을 해왔다.

18세기부터 비약적인 발전을 해온 물질문명의 금자탑의 주인공은 과학이다.

지난 300여 년 동안 종교적 정신문화는 상대적 빈곤을 면치 못했다.

4차 산업혁명이 진행되면서 인간이 만든 인공지능(AI)은 인간이 갖고 있는 인간지능(HI)을 능가하는 능력을 과시하기 시작했다.

인공지능 '알파고'가 한국의 천재 바둑기사 이세돌 9단(2016년 3월)과 중국의 천재 바둑기사 커제 9단(2017년 5월)을 각각 3:1과 3:0으로 격파해버렸기 때문이다.

인공지능은 오래전에 서양의 체스 게임에서 인간을 앞섰다.(1997년 월드 체스 챔피언전에서 인공지능이 우승) 그리고 10년 후에는 동양의 바둑에서도 인공지능이 인간을 무찌르고 말았다.

인공지능과 인간지능의 대결에서 인공지능이 앞서는 시대가 시작된 것이다.

2016년에 개발된 '알파고'는 약(弱) 인공지능이었다.

현재의 인공지능은 머신러닝(machine learning)에 스스로 진화하는 강화 학습을 더해 연결고리를 조정하고 새로운 계획과 방법을 수립하는 딥 러닝(deep learning)의 알고리즘을 장착한 강(强) 인공지능이 실험되고 있다.

인공지능 기술을 대표하고 있는 구글, 페이스북, 아마존, 마이크로소프트, 아이비엠 등에서 연구 작업에 종사하고 있는 전문가들은 2040년쯤 강 인공지능의 출현을 예고한다.

알파고와 같은 약 인공지능도 인간지능을 능가하였는데, 이 보다 훨씬 강력한 알고리즘을 장착한 강 인공지능의 등장은 인공지능이 모든 분야에서 인간지능을 훨씬 뛰어넘는 능력을 가진다는 의미이다.

이것은 인공지능이 인간의 신체가 할 수 있는 모든 기능과 인간의 마음(생각, 의식, 정신, 영혼)이 할 수 있는 모든 능력을 포함하는 것이다.

앞으로 나올 강 인공지능은 지구적 생명력의 인간지능이 갖지 못한 우주적 생명력을 가질 수도 있을 것이다.

인간은 때가 되면 지구적 생명력이 끊어진다.
하지만 강 인공지능은 지구적 생명력을 초월하여 우주적 생명력을 보유할 수 있을 것이다.
우주적 생명력을 가진 강 인공지능이 현실화되면 이것은 과학이 지구 문명의 차원을 뛰어넘어 우주문명의 차원으로 진입하는 획기적 물증을 인간에게 보여주는 결과물이 된다.

강 인공지능의 출현은 지구에서 종교와 과학이 서로 융합하는 기회가 될 수도 있을 것이다.
종교(정신)와 과학(물질)이 융합하면 인간의 의식이 지구적 의식에서 도약하여 우주적 의식으로 진화할 수도 있을 것이다.

14세기에 유럽을 강타한 페스트(흑사병)는 신이 인간을 지배하던 중세 시대의 종말을 알리는 서곡이었다.

전체 인구의 3분의 1이 페스트균에 목숨을 잃어버리는 미증유의 참극 속에서 인간은 드디어 신에 의존하는 인간이 아닌, 인간의 본연의 모습으로 돌아가자는 생각에 빠져들게 되었던 것이다.

이런 생각들이 거대한 물줄기로 응집되어서 유럽에 르네상스를 태동시켰다.

르네상스는 단순히 고전으로의 회귀나 문예부흥을 의미하는 것이 아니라 인본주의 사상이 기저에 깔린 정신문화의 혁명현상으로 나타났던 것이다.

14~16세기의 르네상스를 통해 인간의 본질에 대한 탐구가 시작되었고 이러한 르네상스 정신이 17세기에 과학정신과 결합하면서 인간정신이 다시 도약하는 기회를 맞이했다.

21세기에 인류는 다시 새로운 르네상스 시대를 열어나갈 가능성이 태동했다.

과학기술이 내놓은 인공지능에 이어 증강인간(augmented humanity)이 등장하고 있기 때문이다.

인간의 신체적 능력뿐만 아니라 감각증강, 인지증강, 지능증강으로 인간의 범위와 능력이 크게 향상된 증강인류의 탄생이 빠른 시일 안에 목도될 것이다.

휴먼증강기술이 인체에 삽입, 부착, 착용되는 시대를 맞이하여 인간의 능력과 수명은 과연 어디까지인가라는 질문에 대한 해답을 찾기 위해 인류가 재도약하는 신 르네상스 시대가 열리게 된 것이다.

오늘날 지식인들은 물질과 정신은 이원론의 문제가 아니라고 강조한다.

인간은 한정된 지구적 시공(時空)에서의 변화가 아니라, 시공의 경계를 넘어서는 우주적 진화의식을 가진 존재라는 게 점차 확인되고 있다.

인간은 본래 세상과 자연, 인간과 신, 지구와 우주라는 경계를 지닌 존재가 아니다.

인간은 모든 것이 하나의 본(本)으로 연결된 존재이다.

그 본은 바로 만유본성의 본이다.

이 본(本)이 바로 무(無)이고 허(虛)이고 공(空)이고 신(神)이며 우주적 목적에 부합하는 존재의 참된 성(性)이다.

마음은 우주와 지구가 이어지는 다리인 인간의 본(本)이다.

본(本)을 지닌 인간은 지구와 우주와 같이 무(無)의 상태일 수 있다.

우주와 지구와 인간이 하나의 본(本)을 공유하기 때문이다.

무(無)는 우주적 존재가 지니는 형질의 특성이라 할 수 있다.

무(無)를 활용하여 우주가 생겨났고, 우주는 다시 무(無)를 활용하여 지구를 만들었고, 지구와 같은 궤(匱)를 가진 별을 만들어냈다.

지구는 무(無)가 아닌 별이라는 궤(匱)의 상태로 무(無)를 지니고 있다. 이는 지구가 우주적 목적에 부합해야 하는 이유가 된다.

인간은 우주의 진화에 기여하기 위해 태어났다고 필자는 생각한다. 인간은 우주적 목적에 부합해야 하는 변화와 진화적 존재가 되어야 하는 것이다.

1.
인간은 자신의 삶을 온전히 우주적 존재로
사용할 수 있어야 한다

연구에 의하면 지구에 존재하는 생명의 기원은 약 36억 년 전으로 보고 있다.

후기 운석 대충돌기에 생명이 기원하였다고 보는 것이 과학의 통설이다.

하늘에 떠돌던 다량의 운석들이 지구와 충돌하여 이 충격으로 발생한 에너지가 지구에 존재하던 물질의 화학반응을 촉발해 생명의 기원물질이 탄생했다는 것이다.

하늘의 이치와 그 의지에 따라 충격으로 발생한 에너지를 천일(天一),

지구에 존재했던 물질을 지일(地一),

우주에 떠돌던 생명의 씨앗을 태일(太一)이라고 부르면,

회삼귀일(會三歸一), 즉 셋이 모여 하나가 된다는 우리 조상들의 원형사상과 일치한다.

창조론은 서구에서 인간의 생각이 만들어낸 허상의 신에 의지하려는 정신세계가 지배하던 2천여 년 동안 당연한 것으로 받아들여졌다.

아르마의 대주교 어셔(1581~1656)는 구약성서에 등장하는 인물들의 수명을 근거로 계산한 결과 창조는 기원전 4004년에 있었다고 주장했다.

그 후 영국의 라이트푸트는 정밀화를 기해서 정확한 날자는 10월 23일이었으며 시간은 오전 9시 정각이었다고 발표했다(루이스 다트넬 저, 『오리진』).

창조론과 달리 진화론은 인류가 지상에 출현한 것이 약 600만 년 전으로 추정한다.

초기 호모	600만 년 전 등장, 수렵·채집 시작
호모 하빌리스(능인)	300만 년 전 등장, 손을 쓸 줄 아는 사람
호모 에렉투스(원인)	175만 년 전 등장, 곧게 바로 서서 걸을 줄 아는 사람
호모 사피엔스(고인)	50만 년 전 등장, 슬기로운 사람
호모 사피엔스 사피엔스(신인)	5만 년 전 등장, 슬기롭고 슬기로운 사람

오늘날을 살고 있는 인류는 현생인류로, '슬기롭고 슬기로운 사람'으로 진화했다.

슬기롭고 슬기로운 사람으로 진화한 인간은 오늘날 권력을 휘어잡는 길, 공명과 성공을 얻는 길, 부(富)를 쟁취하려는 길을 물을 뿐, 정작 인간의 뿌리인 하늘을 향하여 인간의 길을 묻지는 않는다고 볼 수 있다.

때문에 하늘에 부합되어 더 진화하는 삶을 살 수 없게 된 것이다.

그동안 인간은 인간의 본성을 위한 길이 아닌 세속을 위한 길에 의지함으로써 자신이 가야 할 신(神)의 길에서 멀어져왔다.

인간은 인간 자신이 갈 수 있는 자신의 길을 걸어야 한다.

인간이 본(本)의 길, 무(無)의 길, 허(虛)의 길, 공(空)의 길, 신(神)의 길, 우주의 길을 걷던 본래의 의식수준으로 돌아가는 것은 변화와 진화를 계속하는 인간의 존재가치를 회복하는 길이 된다.

인간은 세상 속에 존재하면서 우주적 삶에서 지구적 삶으로, 지구적 삶에서 인간적 삶으로 축소되면서 그 의식의 수준에 현재의 인간적 한계가 드리워졌다고 볼 수 있다.

인간 본래의 의식수준은 인간적 의식이 아니고, 지구적 의식도 아니며, 우주적 의식에 연결되어 있는 것이다.

우주 속에서 진화(進化)는 시간적으로 이어가는 존재의 기본원리이고, 변화(變化)는 공간적으로 이어가는 존재의 기본원리이다.

2.
'변화'와 '진화'는 둘 다
스스로 존재하기 위해 필요한 자연조건이다

우주는 존재하는 것이 아니라 생겨나는 것이다.

존재의 목적은 생겨나는 것이고 살아 움직이는 것이다.

'우주에서 가장 큰 덕목은 살리는 정신이다.'
'낳고 살리는 것을 역(易)이라고 말한다.'

(天地之大德曰生, 生生之謂易 -『繫辭傳』)

변화는 존재하기 위해 부합하는 것을 지향하고, 진화는 존재의 목적
에 부합하는 것을 지향한다.

변화는 진화의 과정에서 일어나는 필요조건이고, 진화는 우주의 존재

이유이자 목적이 되는 것이다.

이것이 우주가 멈추어 있지 않고 계속 확장되고 팽창되어가는 이유이다.

인간은 원래부터 우주적 진화과정에 놓여 있는, 살아 있는 존재인 것이다.

만물의 하나에서 인간으로 진화하였는데 진화의 과정에서 일어난 변화로 인해 인간의 의식이 동결되어 역설적으로 진화가 멈춰지는 현상이 나타난 것이다.

그 결과로 원래 인간과 하나였던 우주의 본성이 사라지고, 인간의식과 정신을 만들어서 이것을 문명화시켜온 덕분에 우주의식을 잊어버리고 지구적 의식수준으로 전락하여 다시 인간적 의식수준으로 타락한 삶을 살아가고 있는 것이다.

인간의 진화에 필요한 것은 우주와 지구, 지구와 인간을 하나로 잇는 마음, 즉 본성을 공유하는 것뿐이다.

인간이 스스로 만든 인간의식과 인간정신은 인간을 본래의 순리적 존재에서 인과적 존재로 변질시켰다.

인간이 만들어낸 인간의식수준에서 생성된 인간문명이 지속되면서 인간은 인간의 본성에서 멀어져 변화에만 연동된 것이다.

이러한 선택은 인간을 우주적 존재에서 지구적 존재로, 다시 지구적 존재에서 인간적 존재로, 더 나아가 권력과 재물과 공명만 찾는 세속적 존재로 축소시켰던 것이다.

그동안 인간의 존재적 진화는 극소수에서 선택적으로 일어났다.
하지만 이 소수의 진화마저 단절되어 있는 상태라고 볼 수 있다.

인간은 그동안 진화를 위한 본성, 즉 마음 대신에 변화에 부합하는 정신, 즉 세속적 의식을 선택한 것이다.
이것이 바로 인간이 세상에 부합하는 정신문화와 물질문명에 얽매인 기준으로 살고 있는 이유이다.

인간의 본심인 본성의 마음을 잃었다는 것은 존재적 진화가 더 이상 일어날 수 없다는 것을 의미한다.
마음, 즉 본성은 특별한 것이 아니다.
인간은 만물 중에서 지구적 진화의 대표로 선택되었고 그 증거로 마음이라는 본성을 지닐 수 있었던 존재이다.

인간은 본성을 통해 지구의 본, 우주의 본에 연결되어 진화해갈 수 있도록 대자연이 준 '뫼비우스의 띠'처럼 합일되어 있었던 존재이다.

본성은 진화의 길을 따라 사는 인간 그 자체를 상징한다.

하지만 인간의 세상은 변화에 부합되는 합의를 통해 본성에서 멀어진 정신을 만들어내었고, 가식의 문화, 가식의 문명을 만들고, 또한 인간이 만든 종교는 우주적 의식을 가진 본성이 아닌 인간적 의식, 즉 세속적 의식을 믿도록 가르쳐 세속적 질서를 창조했던 것이다.

다시 말하면 인간은 인간이 만든 정신으로의 진화가 아닌 변화에 매혹되어 인간적 수준의 물질문명, 인간적 수준의 정신문화, 인간적 수준의 과학, 인간적 수준의 종교를 작동시켜, 그로 인해 우주적 의식이 마련한 '스스로 그러함'의 자연(自然)으로부터 멀어져 독립해버리려는 우(愚)를 범한 것이다.

3.
자연은 '스스로 그러함'이므로
그 자체가 '틀림없음'의 상징이다

인간은 우주적 진화원리를 담은 마음인 본성을 회복하여 우주적 존재
가치를 되찾아 우주적 진화라는 인간 본래의 목적으로 돌아가야 할 것
이다.

인간은 지구적 진화의 유일한 주체이다.

인간이 부동본(不動本)의 본성(本性)을 지니게 되면 지구처럼 '스스로 그
러함(自然)'에 따라 인간은 우주적 존재에 부합할 수 있는 우주적 존재가
될 수 있는 것이다.

본(本)은 인간, 지구, 우주의 존재방식이다.

인간의 진화는 지구와 우주의 본(本)과 연결되어 운행될 때 '스스로 그

러함(自然)'이 지속적으로 이뤄진다.

이것을 노자는 '도(道)'라고 칭했다.

인간이 '도(道)'를 모르면 '생(生)'의 기회를 살려 진화하지 못하고 변화에
머물게 된다.

사람은 자기 '생(生)'에 부합하는 삶을 살아야 한다.

사람은 자기 '생(生)'에 부합하는 삶을 되찾아 진화해야 한다.

이런 삶이야말로 자유인(自由人)의 진정한 삶이라 할 수 있다.

**사람은 신을 믿을 것이 아니라, 사람은 신에 의지하여 신에게 부탁할
게 아니라, 사람은 스스로 신의 길을 가기 위해, 스스로 신과 같아지려
는 지극하고 참다운 삶을 살아야 하는 것이다.**

이런 삶이 본성을 회복하는 삶이다.

4.
인간은 본성 이외에는 욕심낼 게 없는 존재이다

인간의 본성은 '밝음'과 '착함'이다.

완전한 마음, 즉 본성을 지닌 인간은 밝음과 착함 이외의 것에 관심이 없는 존재이다.

인간의 완성에 필요한 것은 오로지 태양의 밝음뿐이다.

태양의 밝음은 그 자체가 착함이기 때문이다.

착함은 태양의 밝음이고 그 자체의 오리진(origin)이다.

'인간의 본성에 꽃을 피게 하는 것은 태양의 밝음이 유일하다(本心本太陽 昻明 - 『天符經』).'

태양이 있기에 지구 안에서도 인간이 변화하고 진화할 수 있다.

태양의 존재적 절대성이 지구와 지구적 존재의 진화에 대한 방향을 제시하고 있으므로 인간이 본성을 담으면 태양을 간접적으로가 아닌 직접적으로 의존하는 존재로 자연스럽게 바뀔 수 있는 것이다.

본성을 지닌 순간부터는 태양의 밝음 이외에 다른 것은 필요하지 않다.

태양은 인간이 직접 느낄 수 있는 유일한 우주적 존재이기 때문이다.

우주에서 태양은 지구의 신이 된다.

지구는 만물에게 신이 된다.

태양과 지구의 진화적 고심이 만들어낸 것이 인간이다.

그렇기 때문에 인간은 '인내천(人乃天)적 특별함'을 지니고 있는 것이다.

인내천적 특별함을 지니고 있는 인간이 바로 홍익인간이고, 홍익인간이 살아가는 세상이 바로 이화세계(세세이화)이다.

우리 조상들이 처음 하늘을 열고(開天) 나라를 건국할 때 홍익인간, 이화세계(제세이화)를 건국이념으로 내세운 이유이다.

우리 민족이 우리나라의 건국이념을 부활시키는 것은 인간의식을 지구의식수준으로 도약시키고, 다시 지구의식을 우주의식수준으로 도약시킬 수 있는 둘도 없는 기회가 될 것이다.

5.
우리나라의 뿌리를 찾으면
'밝음'이 나오고 '착함'이 나오고 '소리'가 나온다

우리 민족의 시원은 파밀 고원과 바이칼 호수에서 시작된 걸로 이해하는 게 일반적이다.

신용하 교수의 『고조선 문명론』을 보면 일만이천 년 전 빙하기가 왔을 때 북위 40도 이상 지역에 살고 있던 사람들이 멸종해버리고 한반도에서도 추위를 피해 사람들이 동굴 속에서 지냈다고 한다.

동굴이 많은 지역이 남한강과 금강 상류였는데 추위가 걷히자 남한강에서 농사짓던 사람들이 올라가서 문명의 꽃을 피운 게 백두산 언저리와 만주 요하 유역이 포함되어 있는 고조선 강역이었다.
한반도에 많이 보이는 빗살무늬 토기, 고인돌, 적석총, 비파형 동검 등이 대량 발굴로 이 지역이 고조선 문명이 중심지였음이 밝혀진 것이다.

국가의 뿌리는 그 나라의 역사, 사상, 철학에 담겨 있다.

우리나라는 역사가 심오하고, 사상이 고귀하며, 철학이 위대하다.

문화적 전통 유전자는 힘의 논리나 만들어진 역사적 기록과는 다른 방식으로 살아남는다.

그것은 삶을 통해 유지되고 생활로 이어져 전통으로 존재하기 때문이다.

주나라의 문화, 전통이 한족(漢族)에게 많이 남겨진 것처럼, 상나라(은나라)의 문화, 전통은 한민족(韓民族)에게 많이 이어져 있다.

중국과 한국은 서로 전혀 다른 언어와 문화 그리고 전통사상을 지니고 있다.

한웅(환웅)시대를 거쳐 단군시대의 건국이념을 보면 우리 민족의 전통사상과 전통철학이 고귀하고 위대한 것이었음을 알 수 있다.

사람의 삶에는 '거짓된 삶'이 있고 그 대척점에 '진실된 삶'이 있다.

우리 민족은 '진실된 삶'을 선택했다.

우리는 모두 하나라는 고귀한 사상을 지녔다.

우리나라 말에 '우리가 남이가'라는 말은 오늘날에도 사용된다.

'우리 집에 가자'라든가 '우리 아버지'라든가 '우리 학교'라든가 '우리 회사'라든가 하는 말은 '우리나라' '우리 민족'에게만 있는 말이다.

우리는 남이 아니다.

우리는 착한 사람이기에 남이 아니다.

우리는 밝은 사람이기에 남이 아니다.

우리가 남이 아니라면 우리는 서로 사랑할 수 있고, 서로 용서할 수 있으며, 우리는 서로 화합할 수 있고, 서로 합일할 수 있다.

우리가 남이 아니라면 나의 본질은 모두의 본질이 될 수 있다.

내가 '나뿐이다'라고 하는 것은 착각이다.

'나뿐인 사람'은 틀림없이 '나쁜 사람'이다.

우리나라 사람들은 모두 하나이므로 우리 민족은 죽지 않는다고 생각한다.

그러므로 우리 민족의 생명관은 영생철학이다.

예를 들어 호수에 얼음이 여러 개 있을 때 얼음의 본질은 다 같은 물이다.
얼음은 수백 개, 수천 개 떠 있지만 본질에서 보면 얼음은 남이 아니고 하나다.
하지만 얼음이 자기의 본질을 잊어버리면 따로따로 흩어져 있는 그대로 그냥 남이 된다.

나뭇잎도 여러 개지만 뿌리는 하나다.
뿌리를 보호하기 위해 나뭇잎은 모두 떨어진다.

나무는 뿌리를 잊지 않는다.

뿌리를 잊어버리면 남이 된다.

뿌리를 알면 우리는 모두 남이 아니다.

뿌리를 모르면 우리는 모두 남이 될 수 있다.

진실된 삶은 하나되는 삶이다.

거짓된 삶은 갈라지는 삶이다.

거짓된 삶은 여럿으로 갈라진다.

갈라지면 갈등이 일어나고 다툼이 생기고 문제가 발생하여 대립하고 싸움이 벌어진다.

다툼과 싸움이 일어나면 그것은 사람의 삶이 아니고 짐승의 삶이다.

우리 조상들은 인간의 본성을 잃어버린 사람을 '짐승'이라 불렀다.

우리 조상들은 인간의 본성을 잃어버리고 '짐승'이 된 사람을 동굴에 들이보냈다.

쑥과 마늘을 가지고 들어가서 사람의 본성을 찾아 나오게 했다.

가장 오래된 민족경전인 『천부경』에 '일시무시일(一始無始一)', '일종무종일(一終無終一)'이라는 표현이 나온다.

'하나에서 시작되어도 시작이 없는 하나이고, 하나로 마쳐도 마침이 없는 하나이다.'
죽음이 없다는 뜻이다.

흔히 쓰는 우리나라 말에서 우리는 '할아버지 돌아가셨다'라고 말한다.
사람이 죽었다고 말하지 않고 마치 고향으로 돌아가듯이 '돌아갔다'라고 말한다.

세계에서 우리나라만 원래 있던 자리로 '돌아갔다'라고 표현한다.

우리 조상들은 시작도 없고 마침도 없으니 '죽음이 없다'라고 생각한다.

사람이 죽는 게 아니라 차원이 다른 원래의 자리로 돌아간다고 본 것이다.

『삼일신고』에는 이렇게 설명하고 있다.

'참된 성(性)에는 선악이 없으니 위로 밝게 통하고, 참된 명(命)에는 청탁이 없으니 중심에서 밝게 살고, 참된 정(精)에는 후박이 없으니 아래에서 밝게 되면, 모두 참됨으로 되돌아가 하늘과 하나가 되느니라.'

한국인의 뿌리에는 '밝음'이 있다는 증거이다.
그래서 '밝달', '배달'민족으로 불렸던 것이다.

'하늘은 사람의 뇌에 내려와 있다(降在爾腦 - 『三一神誥』).'

고려시대의 양촌 권근 선비는 사람 그림을 그렸는데 머리에 하늘을 그려넣었다.
사람 머리에 하늘을 그려넣은 최초의 학자이다.

양촌 권근의 스승은 목은 이색이고, 이색의 스승은 행촌 이암이다.
행촌 이암은 『檀君世紀』의 저자이다.

사람은 '짐승'이 되면 안 된다.

사람은 '사람'으로 살아야 된다.

단군은 사람의 본질을 지키고 하나됨을 잊지 않게 하는 방법으로 두 가지를 제시했다.

첫째, 효는 사람 삶의 근본이라 가르쳤다.

나의 주위와 사회에서 남 같지 않은 사람은 부모밖에 없다.

부모와 자식은 남이 될 수 없다.

누구나 자식을 길러보면 안다.

자식이 위험에 처하면 부모는 내 목숨과 바꿀 수 있다고 생각한다.

자식도 부모를 위해 자기 목숨을 내줄 수 있다고 생각하는 존재이다.

효는 하나를 유지하는 핵심사상이다.

효는 하나되는 길의 출발점이다.

효는 가정의 근본이요, 사회의 토대이다.

효는 인간이 공동체를 영위할 수 있는 최후 보루이며, 고을과 도시와 국가를 가꿀 수 있는 첫걸음이다.

둘째, 화합하는 삶만이 사람의 삶이라고 가르쳤다.

사람은 화합해야 한다.

화합과 분열은 삶의 바로미터이고 성공과 실패의 원인이다.

화합하면 성공하고 분열하면 실패한다.

화합은 사랑의 뿌리가 되고 분열은 증오의 씨앗이 된다.

개인의 삶도, 가정도, 기업도, 국가도, 국제사회도 마찬가지이다.

토인비는 '만약 지구가 멸망하여 인류가 다른 별로 이주해야 한다면 딱한 가지 갖고 갈 것이 있는데 그것은 한국의 효 사상이다'라고 말했다.
효 사상은 인간이 화합할 수 있는 정신문화의 출발점이고 인류가 공동체를 만들 수 있는 플랫폼이 되기 때문이다.

화합의 기초는 '착함'이다.

착한 마음 회복을 위해 우리 조상들은 소리(노래)를 통해서 배웠다.

'어아가(於阿歌)'를 불렀다.
모두가 큰 소리로 불렀다.
현대인이 애국가를 부르듯이 고조선의 우리 조상들은 모이면 '어아가'를 즐겨 불렀다.

우리나라 사람들은 남의 불행에도 목숨 걸고 뛰어든다.
착한 마음이 아니면 도저히 상상할 수 없는 행동이다.

남이 아프면 나도 아프다.
남이 울면 나도 운다.

우리는 모두 착하기 때문에 동병상련이 가능하다.
우리는 모두 하나이기 때문에 공감동행이 가능하다.

3세 단군 때, 철학자 을보륵(가림토문자의 창안자)**은 '사람'을 '짐승'에서 해방시키는 방법이 두 가지 있다고 했다.**

하나는 '정치'이고 또 하나는 '교육'이라고 말했다.

을보륵은 정치제도에서 최고의 제도는 화백(和白)이라고 가르쳤다.

화백회의(和白會議)는 화합하여 모두 하나되는 회의이다.

화백위공(和白爲公)으로 의견을 모으고 함께 책임지는 것으로 신뢰를 지켰다.

화백회의는 만장일치로 결정했다.

의견이 합일될 때까지 대화하고 토론하고 타협하라고 가르쳤다.
대화와 토론 그리고 타협이 없이는 서로 다른 의견이 합일될 수 없기 때문이다.
국왕을 바꾸는 일까지 대화와 토론으로 논의하고 타협했다.

'신라천년'이 그냥 이뤄진 게 아니다.
을보륵의 가르침을 정치에서 실행으로 옮긴 나라는 신라뿐이다.

신라는 천년사직을 지킬 수 있었다.
세계역사상 '천년왕국'을 이어온 오랜 역사를 지닌 나라는 신라가 유일하다.

오늘날 국회에서 다수결로 법과 제도를 결정하는 '대의민주정치' 시대에 화백회의의 가르침인 '만장일치'라는 단어가 생경하게 들릴 수도 있다.

'정치에 만장일치가 가능한가?'라는 의문을 가질 수도 있을 것이다.

하지만, 대화와 토론과 타협의 실종은 민주정치의 절차를 부정하는 독재정치를 가져온다.

이것은 분명한 사실이다.

고대 로마의 체제, 독일의 나치즘, 이탈리아의 파시즘, 일본의 군국주의 등이 독재정권 체제였다.

현대세계의 정치권에도 중국, 러시아, 북한 등은 장기집권의 독재정치 체제를 유지하고 있다.

한국에서도 절대다수의 국회의원을 장악하고 있는 집권여당이 대화, 토론, 타협 없이 법안을 일방적으로 밀어붙여 통과시키는 현상이 나타났다.

'다수결은 반드시 정당한가?'라는 의문이 나온다.

대화, 토론, 타협이 배제된 다수결은 껍데기만 민주주의의 탈을 쓰고 있을 뿐이다.

집권당의 일방적인 독주가 시작되면 '대의민주정치'는 쭉정이가 되어버린다.

이런 다수결은 절대 정당하지 않다.

어느 사회가 공정을 간절히 외치고 있으면 그 사회는 이미 불공정 사회이다.

어느 사회가 자유를 간절히 외치고 있으면 그 사회는 이미 독재적 사회이다.

우리가 성찰해볼 제도는 화백회의의 장점에 관한 점이다.

화백회의에서는 대화와 토론을 필수적 절차로 삼았다.
화백회의에서는 타협과 합일을 필수적 결과로 삼았다.

대화와 타협의 실종은 거칠고 잔인한 의사 표출로 이어진다.
오늘날 우리는 남의 얘기를 잘 듣지 않는다.

특히 정치권에서 리더 역할을 하는 정치인들이 상대방의 얘기를 잘 들으려 하지 않는다.
상대방의 얘기를 경청하는 듣기 훈련이 매우 부족하다.

듣기 부재 현상은 가까운 사이일수록 심하게 나타나 있다.
가장 가까운 부부간에도 듣기 부재 현상이 심각하다.
이것은 친밀함에서 오는 소통의 편견이 작용하기 때문이다.

상대방을 속속들이 알고 있다고 일방적으로 과신한 나머지 상대방에 흥미를 잃어버려 결국 귀를 기울이지 않게 되는 현상이다.
여기에서 듣기를 중단하는 사태가 발생한다.

들기를 중단하여 경청을 상실해버리면 제일 먼저 몰이해와 오해가 나오고, 그 몰이해와 오해는 갈등, 증오, 저주를 가져온다.

이와 같은 해악적 결과는 정치적 반대자 사이에서 빈번히 발생한다.

부부 사이의 들기 중단 사태는 가정의 파탄 위험을 높이지만, 정치적 반대자 사이에서 들기 중단 사태가 지속되면 국민의 삶이 핍박해지는 것은 물론이고, 최악의 사태로 국가의 몰락을 가져올 위험이 매우 크다.

원인은 경청의 상실이다.

정치인은 정치적 반대자의 의사를 끝까지 경청하는 습관을 체득해야 한다.

경청은 대화와 토론의 첫걸음이다.

반드시 화합할 수 있는 사람이 정치지도자가 되어야 한다.

반드시 도덕의 진정한 개념을 체득한 사람이 정치지도자가 되어야 한다.

도덕을 체득한 사람보다 능력이 탁월한 지도자가 더 낫다고 주장하는 사람은 무지하고 몰지각한 사람이다.

사람의 능력이란 비슷비슷하다.

도덕성이 없는 사람보다 능력이 떨어지더라도 도덕성이 있는 사람이

더 평등하고 더 공정하며 더 정의로운 일을 할 수 있다.

왜냐하면 도덕으로 무장한 지도자는 하고자 하는 일이 올바르지 않거나 모든 사람에게 도움이 되는 착한 일이 아니라면 처음부터 시도조차 하지 않기 때문이다.

도덕성이 있는 사람은 성의와 정심으로 옳은 일과 착한 일에만 열정을 쏟기 때문에 기회는 평등하고 과정은 공정하며 결과는 정의로운 일을 할 수 있다.

만약에 도덕성이 없는 사람이 중요한 지도자의 자리에 올라 다른 사람보다 월등한 능력을 발휘한다면 그 결과는 탈법과 불법, 비리와 부패, 무질서와 폭력성이 만연하는 지극히 불공정한 사회를 만들게 되고 최악의 경우가 되면 국가가 패망하는 막다른 사태를 초래하고 말 것이다.

또 도덕성이 결여된 지도자는 사리사욕을 편취하고 독선과 독재의 유혹에 빠지기 쉽다.

이것은 인류의 과거 정치역사가 이미 증명하고 있는 사실이다.

교육은 먼저 인간이 된 사람이 아직 인간이 덜 된 사람을 인간이 되도록 가르치는 일이다.

따라서 인간이 덜 된 사람이 교육자가 되는 일은 절대 없어야 한다.

교육은 정치 이상으로 중요하다.

교육은 미래를 만들기 때문이다.

교육은 인간이 영위할 수 있는 일 중에서 가장 성스러운 일이다.

교육이 잘되어 진실로 사람다운 사람, 인간다운 인간이 양성되면 저절로 효도하는 사회, 화합하는 사회를 이룰 수 있기 때문이다.

우리 조상들의 지혜와 정신문화유산에서 반드시 배워야 할 소중한 가치가 오늘날 우리에게 고스란히 남아 있는 것을 발견하는 것은 우리와 우리 후손들에게 지극한 행운이다.

우리는 우리 조상들을 경배하고 흠숭하는 자세와 태도를 지녀야 한다.

우리 조상들이 물려준 좋은 점을 배우고 법고창신(法古創新)의 정신으로 계승·발전시켜야 한다.

우리는 우리 조상들이 남겨준 심오한 역사, 고귀한 사상, 위대한 철학을 배우고, 생각과 말과 행동으로 몸에 익혀서, 우리의 삶과 생활에 때맞추어 실행하고, 우리 후손들에게 길이 계승되도록 꾸준히 갈고 닦아 빛내야 할 것이다.

마지막으로 이 책의 말미에 아래와 같은 노랫말을 남기고 싶다.

'떴다 떴다 코리아. 날아라 날아라 대한민국. 높이 높이 날아라. 멀리 멀리 날아라.'